▍本书获以下项目资助：

- 国家社科基金重大招标项目13 & ZD041
- 国家社科基金项目08CSH013
- 教育部文科重点研究基地项目10JJD630016
- 教育部新世纪优秀人才计划
- 广东省文科重点研究基地项目10JDXM81001
- 广东省教育厅重大攻关项目11ZGXM63001
- 中山大学中央高校基本科研业务费
- 中山大学985三期工程

●中山大学公共行政学丛书

强制性城市化的实践逻辑：贝村调查

Practical Logic of Institutionalized Urbanization in China:
The Case of Bei Village

何艳玲／著

谨以此书献给我的父亲何笛贤

目 录

第一章 一个特殊而普遍的问题：村庄的"被终结" …………… 1

    一、研究的问题 ………………………………………………… 2

    二、个案选择与研究方法 ……………………………………… 8

    三、基本框架 …………………………………………………… 14

第二章 村庄的过去：城市化进程中的封闭社区 ………………… 15

    一、村庄概况：封闭而有序 …………………………………… 15

    二、村庄政治 …………………………………………………… 20

    三、村庄经济 …………………………………………………… 21

    四、村庄社会 …………………………………………………… 24

    本章小结 ………………………………………………………… 37

第三章 "终结"的开始：突飞猛进的征地运动与村庄的分化 ……… 39

    一、大学城项目突然开始 ……………………………………… 39

    二、村庄与村庄外的利益冲突 ………………………………… 48

    三、村庄内部的震荡 …………………………………………… 72

    本章小结 ………………………………………………………… 85

第四章　重建中的村庄：城市？村庄？还是都不是？ …………… 90

　　一、村庄中崛起的"市场经济" ………………………………… 90
　　二、村庄政治秩序的重建 ……………………………………… 102
　　三、村庄更新 …………………………………………………… 120
　　四、没有边界的社区：外来人口的进入 ……………………… 135
　　五、他们眼中村庄的未来 ……………………………………… 140
　　本章小结 ………………………………………………………… 149

第五章　无法终结的结论：强制性城市化与村庄终结的逻辑 ………… 154

　　一、强制性城市化因何发生？怎样实现？ …………………… 155
　　二、强制性城市化的结果 ……………………………………… 165
　　三、对强制性城市化的反思 …………………………………… 170

后记 ……………………………………………………………………… 173

第一章 一个特殊而普遍的问题:村庄的"被终结"

> 在具体情境中的个人烦恼和社会结构的公共议题之间建立联系,在微观的经验材料和宏观的社会历史之间进行穿梭。个人日常生活世界中无法解决的烦恼是他们无法控制的社会结构变迁造成的,影响每一个人的历史乃是世界的历史。
>
> ——米尔斯(C. W. Mills):《社会学的想象力》

一切历史都流传到当代,当代只是历史的一种延续。在我们自以为摆脱了传统纠缠的变革时代,自以为进入了一个全新时代的今天,猛然回头,历史依然在我们身边,在我们的观念里、行为习惯里,甚至用新的形式装潢起来的语言和制度里。当然,变化还是有的。本书以夏都大学城①建设过程中难逃"被征地"、"被拆迁"命运的一个村庄为研究对象,意图从微观层面描述村庄终结的前世今生:再现历史,它是自然发展下的田园牧歌;面对现实,它有强制变迁下的底层挣扎;展望未来,它在多方博弈下前途未卜。村庄的"被终结"深嵌于强制性城市化中,探讨中国语境下强制性城市化过程及其逻辑显然极其重要。

---

① 本书主要地名、人名都作了化名处理。夏都大学城位于夏都市小谷围岛及其南岸地区,其于2003年开始建设,旨在通过一流大学园区的建设,打造教学研一体化发展的城市新区。

一、研究的问题

每一个好的经验问题背后都有一个理论问题。描述村庄被终结的真实实践,探究强制性城市化的理论缘由,是本书的出发点,亦是归宿。同时,尽管道德关怀对研究者而言往往是最浅薄的动机,但却是最本真的激励!

(一)村庄是怎样终结的?

李培林在《村落的终结——羊城村的故事》一书中首先提出"村落的终结"。在此书中,"村落的终结"是"村落城市化整个链条的最后一环"。作者在书中指出,"人们原来以为,村落的终结与农民的终结是同一个过程,就是非农化、工业化或户籍制度的变更过程,在现实中,村落作为一种生活制度和社会关系网络,其终结过程要比作为职业身份的农民更加延迟和艰难,城市化并非仅仅是工业化的伴随曲,它展现出自身不同于工业化的发展轨迹。"[①]

综观《村落的终结——羊城村的故事》全书,与其说"村落的终结"是一个定义,不如说它是作者描述的一个"过程"。在此过程中,我们能够深刻地感受到作者笔下的村落在传统与现代巨变中的喜怒哀乐,正如作者所说,"既有摆脱农耕束缚、踏上致富列车的欣喜和狂欢,也有不堪回首的个体和集体追忆"。[②] 此书以流畅的行文对"村落的终结"的描绘无疑是深刻的。但是,李培林的研究抱负很大程度上是对"普遍解释力"的追求。一方面,对于"普遍解释力"的追求使得该书将理论的阐述放在比较高的位置(尽管附录了"村庄的故事"),但对于村庄终结"过程"所应有的详细刻画则显得不足;另一方面,就定性研究而言,普适性永远是"处于建构中"的。《村落的终结——羊城村的故事》一书为我们总结了马克斯·韦伯(Max Weber)所说的

---

① 李培林:《村落的终结——羊城村的故事》,商务印书馆2004年版,第2页。
② 李培林:《村落的终结——羊城村的故事》,商务印书馆2004年版,第26页。

理想类型。① 但是，在不断发展的时代大背景下，总有一些新的事物在持续产生，在现实中也有村庄与羊城村存在差异。

与羊城村比较，本书所研究的贝村具有更大的封闭性。在羊城村那里，村庄"与城市几乎没有了什么边界"②，是被城市包围的村庄。贝村则仍然相对远离都市，置身于一个小岛，它自给自足，充满着土地崇拜的热情，"倒逼机制"③ 没有或者正在形成，现代工商精神依旧欠缺。

当然，这样的村庄同样具有和羊城村相同的特征：村庄内部建筑密度高，建筑间距小，"握手楼"、"一线天"同样可见。道路无良好规划，道路窄，尽管四通八达，但是交错盘结，相对杂乱。再者，由于村庄吸引了大量外来人口，使得人员构成非常复杂，卫生条件差，治安问题突出。此外，还普遍存在公共配套设施不完善、村民擅自违法搭建等现象。

贝村位于夏都市夏都大学城旁边，在官方文件中通常被称为"保留村"。在夏都大学城旁边，有四个这样的保留村。这些村落具有很多共性，我们重点选择贝村作为研究对象。以贝村为代表的保留村是夏都大学城建设的直接产物，而夏都大学城建设则可以置于夏都市乃至其所在的南方省城市化进程中去考察。

近年来，随着经济的发展和城市化进程的加快，大学城成为不少中国城市的政府议程。夏都大学城是在南方省经济发展以及"建设教育强省"的政策话语下由政府主动构建的高校园区。而贝村这样的村庄，是在政府强势推进大学城建设背景下，以征地拆迁为手段形成的，是政府"有意识地对大学城所在的小谷围岛原有历史文化建筑予以充分保

---

① 参见［德］马克斯·韦伯：《论科学理论》，第181页，转引自［法］让·卡泽纳：《社会学十大概念》，杨捷译，上海人民出版社2003年版，第69页。"通过特别地突出一种或者几种观点，通过把孤立出现的分散而零碎的现象连成一体，即通过既已拟定的有所侧重的观点对时而数量巨大、时而数量微小，时而随处可见，时而又踪迹全无的现象进行整理，继而形成一幅匀称和谐的思维图案，这样，人们就获得了理想类型。"

② 李培林：《村落的终结——羊城村的故事》，商务印书馆2004年版，第35页。

③ 李培林：《村落的终结——羊城村的故事》，商务印书馆2004年版，第16页。作者认为，土地稀缺形成了一种"倒逼机制"——逼迫农民到土地之外寻求生路。

护"① 和民间"村民反抗强烈，阻力太大"的双重话语下的产物。

在大学城征地与建设之前，贝村是封闭而又有序的。这种封闭体现在"地域"以及"经济特征"上——村庄处于一个远离城市中心区的小岛上，经济上能够自给自足。村庄由于传统思想的根深蒂固，个体、家庭以及村庄与村庄的互动始终延续着"乡土中国"的特色。然而，这种封闭而有序的生活格局很快被城市化的"宏大叙事"给打破了。

可以说，这些村庄并非因城市化的自然演进而产生，村民们也不是自发走向身份的终结。实际上，在夏都大学城的启动到深入开展乃至于最终完成，村庄始终受到内生和外生力量的夹击。村庄内生力量来自于传统、地域。正如费孝通在其《乡土中国》所说："我们的民族确是和泥土分不开。从土里长出过光荣的历史，自然也会受到土的束缚。"在村庄走向终结的过程中，传统的、地域的内生力量始终构成一个抵制性因素而存在。另一方面，村庄外生力量则是一种推动村庄走向终结的促进性力量。而这种促进性力量则是更加现代的、超地域性的。在研究"村庄是如何终结的"的过程中，我们将村庄看作是"受到内生、外生力量双重夹击的社会交往和互动的网络系统"。

我们尝试思考这样一个问题：在村庄终结过程中，强制性城市化的实践逻辑是什么？为了更好地理解这一问题，有必要对以下概念进行界定。

首先，什么是"强制性城市化"？这个概念源自强制性制度变迁。强制性城市化在某种程度上也是一种强制性制度变迁。在产权学派与新制度学派的文献中，强制性制度变迁这个概念已经有清晰的界定。林毅夫认为，"制度可以定义为社会中个人所遵循的行为规则。"② 诺斯（Douglass C. North）的定义则更加具体。他认为，制度是"一系列被制

---

① 见 http://www.gzwh.gov.cn/indexnews/whxw/20051215102219.htm。
② 林毅夫：《关于制度变迁的经济学理论：诱致性变迁与强制性变迁》，见［美］R. 科斯、［美］A. 阿尔钦、［美］D. 诺斯等：《财产权利与制度变迁——产权学派与新制度学派译文集》，刘守英译，上海三联书店、上海人民出版社1994年版，第384页。

定出来的规则、守法程序和行为的道德伦理规范"。① 制度变迁存在两种类型：诱致性制度变迁和强制性制度变迁。"诱致性制度变迁指的是现行制度安排的变更或替代，或者是新制度安排的创造，它由个人或一群（个）人，在响应获利机会时自发倡导、组织和实行。与此相反，强制性制度变迁由政府命令和法律引入和实行。"② 本书所指的强制性制度变迁是：经由单方强力推动，旨在实现其选择的、附带一定成本的个体行为规则的变化过程。在这个定义中，制度变迁的行动单元可以是民众和政府，"强力"的对立面是"自愿"。在民众与政府、强力与自愿之间，我们可以划分出四种变迁类型（见图1）。在贝村案例中，村庄的终结是政府方面施加的强力，即是政府的政策强加（规划）。在这种情况下，它直接导致了民众和政府之间的冲突，这种冲突一旦走向极端即是民众对政府施加强力——革命。

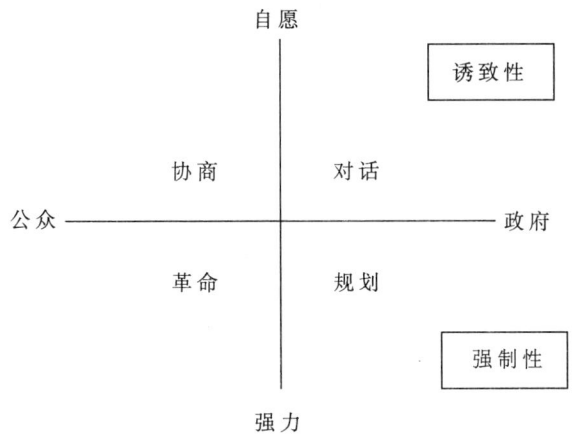

图1　制度变迁类型图

---

① ［美］道格拉斯·C. 诺斯：《经济史中的结构与变迁》，陈郁、罗华平等译，上海三联书店、上海人民出版社1994年版，第225—226页。
② 林毅夫：《关于制度变迁的经济学理论：诱致性变迁与强制性变迁》，见［美］R. 科斯、［美］A. 阿尔钦、［美］D. 诺斯等：《财产权利与制度变迁——产权学派与新制度学派译文集》，刘守英译，上海三联书店、上海人民出版社1994年版，第384页。

此图给了我们一个思考政府面对民众时候的行为选择模型。在政府启动的强制性城市化之下，博弈的双方——政府与民众，是如何进行互动的，这也就是本书所说的"实践逻辑"。更具体地说，"实践逻辑"包含这样一些问题：强制性城市化——因何产生？如何可能？缘何演进？有何结果？而在这之中，我们将研究各种力量及其行为方式。在对这些问题的回答中，我们始终有一个基本的定位：强制性城市化是一个"过程"。因此，本书也将侧重于对"过程"的描述。而就贝村这个具体的案例，我们将用大量的笔墨让读者敞视村庄的过去与现在。

李培林曾经这样感叹："在这村落城市化的最后一环，在这村落的终结点上，为什么我们看到的却是一个千年村落文明的裂变和新生的艰难？"[①] 带着他的感慨，我们认为，像贝村这种类型的村庄，它们可能没有一个值得展望的未来。也就是说，本书将描绘的是一个中国现实存在的村庄如何"消逝"的过程。

（二）研究背后的道德归依

为什么要研究这个问题？

任何进行调查研究的人首先要面对来自研究终极目的的拷问和反省。

对于研究者而言，一项研究的目的可以分为三种类型：个人目的、实用目的、科学目的（Maxwell，1996：15 - 16）[②]。毫无疑问，本书所进行的研究这几种目的都存有，而且，其中个人目的最为重要。陈向明认为：如果一项研究主要为了个人的目的，研究的质量可能会在很大程度上受到个人倾向的影响。[③] 当然，如果能够妥善地运用这种"个人的目的"，无疑会对研究起到积极的作用。而随着本书讨论的深入，我们相信，读者会发现并赞成我们的主观目的与倾向。

对于贝村的研究是基于夏都大学城建设工程的兴起与推进而展开

---

① 李培林：《村落的终结——羊城村的故事》，商务印书馆2004年版，第5页。
② 转引自陈向明：《质的研究方法与社会科学研究》，教育科学出版社2000年版，第84页。
③ 陈向明：《质的研究方法与社会科学研究》，教育科学出版社2000年版，第85页。

的。作为一项世纪伟业①的夏都大学城,仅其规划蓝图就足够振奋人心:

> 以300亿铸就国内一流大学城;面向未来、面向世界、面向现代化,塑造高品位的艺术景观环境,营造充满活力和魅力的高等教育场所和优异的成长空间,树立可持续发展的典范的总体目标,并定位为珠三角地区乃至华南地区的高级人才培育中心、科学研究与交流中心、创新中心与产业化基地,夏都市地区的科教核心和中央智力区。②

按照规划,夏都大学城规划范围43.3平方公里,其中可建设用地面积30.4平方公里;规划人口35.4万人,其中在校大学生18.2万人,教师员工4.57万人。最初预计2003年7月开始建设,2005年全部工程建成完工,总投资320亿元,其建设目标为:一流规划、一流设计、一流质量,建设全国一流的大学城。2003年3月,当新任省委书记来到南方省之后,夏都大学城建设提前迅速展开;到2004年9月,经过19个月的奋战,大学城一期工程提前完工。2004年9月,首届学生进驻夏都大学城。

在最初的印象中,对于这片土地的过去,我们是比较少留意的。贝村,这个位于我们所在S大学隔壁的村庄一直处于被"妖魔化"的状态。一些网络言论将村庄描绘为聚集着大批外地务工人员(一般称为农民工)的场所,而这些农民工在许多人的眼中,正是大学城不安宁的原因所在。在长期的邻里相处过程中,我们开始有意无意地去这一村落,也慢慢了解到这样一个事实:我们的脚下曾经是"夏都市最后一片净土",而学校下面则是一个村庄的灰烬。

"一个村庄的灰烬"——这种表达使其他许多和我们一样的人不免

---

① 见 http://jianshe.enping.gov.cn/Article/ArticleShow.asp?ArticleID=44。
② 见 http://jjc.gzhu.edu.cn/04dxcjs/xgxz-2/xgxz1.htm。

产生强烈的不安感。在这种不安之下，寻求解脱理所当然。在我们孜孜于寻求解脱并进一步思考和这片土地的关联的时候，我们得出了这样两点结论：第一，不应对这片土地有所辜负，此即成为我们开展研究的动力；第二，作为研究者，这片土地未来的出路我们有责任去关注，这成为选择研究主题的一个道德理由。

当个人主观动机和愿景有了道德的基础，研究无疑受益匪浅。而当现实背后有了道德归依之后，接下来的事就如《新约》所说："要把所看见的，和现在的事，并将来必成的事，都写出来……"

二、个案选择与研究方法

（一）个案选择

夏都大学城所在的小谷围岛有 6 个行政村、11 个自然村，而在大学城建设的规划中，又有 4 个保留村。那么，我们为什么选择贝村作为研究的对象呢？原因有三：

首先，贝村在官方文本中是被如此描述的：在大学城拆迁过程中党员干部党性强，做了许多工作。[1] 而且，村民表现出的对于大学城的"理解与支持"相对其他村庄要高。[2] 这无疑给我们以触动、以吸引。

其次，在我们开始关注这个村庄的时候，它正因为村干部挪用4000 万征地补偿款[3]一事而闹得沸沸扬扬。也是因为这个事件，贝村成为夏都市最后一个完成村"两委"选举的村庄。我们直觉，这可能也是村庄基层治理和村民选举一个可供研习的案例。

最后，出于研究便利的考虑。虽然大学城其他保留村都是可供研究的案例，但是由于贝村比邻我们所在的大学，调查更加方便。我们能够长时间保持对村庄的观察，这对于我们所采用的研究方法和手段是很有

---

[1] 见 http：//www. pyrb. cn/pybold/allnews. php？ filename = 20030401a01。

[2] 见 http：//www. panyu. gov. cn/upload/resource/content/tongzhi. jsp？ contentId = 17642。

[3] 见 http：//www. chinacourt. org/public/detail. php？ id = 165992。由于此事在村庄变迁中的重要性，本书后面将不时提及。

帮助的。

从作为夏都市"绿肺"的小谷围岛的一个村庄,到如今被部分村民称为"贫民窟"的保留村,贝村的剧变呈现出几个特点:(1)变化的强制性;(2)变化的瞬时性;(3)变化的不彻底性。在我们开始对其进行全面调查时,尽管村庄的人、事、组织、关系以及传统等方面都已经发生了一定程度的转变,但是由于其不彻底性,变化依旧在不断进行。在进入村庄之后,我们就发现,至少有以下问题值得进一步关注:

第一,特殊城市化过程中村庄的基层组织。包括:(1)基层组织如何在政府与村民之间起协调作用?据了解,村"两委"与居民存在较大矛盾,这与上一届村"两委"在政府强行征地与拆迁中的角色有一定关联。从这一点出发,我们可以提出这样的问题:在村庄变迁中,基层组织如何在城市化过程中完成转变?它如何才能更好地完成政府与村民之间的协调工作?它如何处理好和村民的关系?(2)沿着基层组织如何处理好与村民关系这个问题,宗族在贝村的地位是值得思考的。经过"文化大革命"中"破四旧"以及大学城征地拆迁的破坏之后,贝村宗族的重要符号——"祠堂"很多已破落不堪,而在商业与工业慢慢进入农村的时候,宗族的权力也被明显淡化。但是,淡化了影响的宗族是否还会在一定程度上弱化基层组织的协调功能呢?

第二,村民的传统观念对于村庄城市化过程应该是存在一定影响的。但是,具体是哪一些传统观念造成了影响呢?我们发现,租住当地村民房屋的外来人员(主要是外来务工人员),他们的商业意识很强,能够很容易抓住村庄城市化过程中的商业契机。而与此同时,村民却没有这种意识,他们往往由于自给自足的传统而对城市化过程所带来的机遇缺乏必要的敏感。这至少造成了以下几个问题:(1)这些洗脚上田的农民,他们如何去与现代城市的商业和工业化衔接,对于传统赋予他们的精神或者说信仰,又应该如何去选择、保留或者摒弃?(2)由于他们自给自足的习惯,以及对于现代社会要求的知识、技能的缺乏,他们在从农民到市民的转化过程中就面临一个很突出的问题:如何走出传统农业社会所赋予他们的思维方式并立足于第二与第三产业中?

第三，关于外来人口与村民。由于部分村民迁出和外来人口进入，他们之间在一定程度上存在着文化层面的矛盾与利益的纠葛。从这一点出发，可以探索如下问题：在处理这种矛盾与纠葛的过程中，基层组织应该扮演何种角色？或者说，基层组织在功能与职责上是否应该进行必要的转变？我们在此考虑这样一个问题：在城市化过程中，村庄这样一个"熟人区域"被外来人口的进入与本地人口的退出打破了，那么，是否城市化过程总是一个打破"熟人社会"这个大家庭进而重建"生人社会"小家庭的过程呢？这个过程会不会导致城市化进程中出现更多的"邻里淡漠"现象呢？

最后，贝村与夏都市其他城中村是有区别的。贝村处在大学之间，而夏都市大部分城中村是处于商业与工业区之间的，这可能是贝村以及大学城其他保留村的一个特色，这种村庄并不像夏都市区的城中村那样有浓厚的商业味道，而这种商业氛围的相对淡薄对于村庄的发展究竟会产生怎样的影响呢？

上述的所有问题，最终都可以回归到本书所要探讨的问题：强制性城市化的实践过程及其逻辑。

(二) 研究方法

在案例研究中，追求一种"普遍解释力"并没有太大意义，用某个具体个案的结论来演绎其他个案的因果关系，本身就存在很大问题。个案的差异是普遍存在的。而研究所要做的就是，"以地方性、异质性、日常生活的文本、局部知识以及解读、阐释、描写等来取代对于绝对真理的追求。"①

但是，无论如何，微观个案本身是具有一定演绎功用的。而本书对于贝村变迁的研究，可以称为"延伸个案"（extended-case）的研究方法。延伸个案方法的历史可追溯到20世纪初西方学者在菲律宾的"Ifugao"部落进行社会观察时使用的一种将社会关系或社会情景考虑

---

① 转引自吴毅：《村治变迁中的权威与秩序——20世纪川东双村的表达》，中国社会科学出版社2002年版，第28—29页。参见 [美] 波林·罗斯诺：《后现代主义与社会科学》，张国清译，上海译文出版社1998年版，第122—127页。

在内的断案方式。① 延伸个案方法又称为情景方法，它关注的是个案发生的"情景"，这种情景往往是当时具体的社会—文化背景的一个缩影。可以说，对于个案的讨论以及结论至少适用于夏都大学城建设所涉及的几个保留村。而我们的意图是，以贝村研究作为一个可供延伸的个案，来更好地把握中国城市化过程中村庄变迁的差异性。

在研究定位的基础上，我们所采用的具体分析方法是"过程—事件分析"。"过程—事件分析"经由对事件的动态发展的关注来理解生活文本所隐藏的内涵。

"过程—事件分析""关注带有事件的过程，特别是那些有开头、有结尾、有情节的事件的过程"。② 通过这些事件的过程，我们可以把握个体、群体、组织乃至社会之间互动的细节，进而更好地去理解互动。这种方法可能给我们的研究带来如下帮助③：

第一，有一些关键因素在结构上具有一种不可见性，它们只有在过程、在事件当中才能呈现出来。

第二，把国家与社会关系看作是一种过程，在动态实践过程中寻找其推进逻辑。

第三，运用这种研究策略，可以克服"国家中心论"和"本土性模式"的对立。

第四，可以在某种意义上解决研究单位选择的问题。

"过程—事件分析"方法的选择意味着我们必须首先对"过程"进行一个时间的粗略界定。

本研究以"大学城建设前后"作为过程时间界定，关注的是大学城建设前后的村庄变化，以及在这个变化过程中发生的"事件"。我们关注村庄"大事"，如村庄选举等集体性事件，也关心村庄的"小事"。

---

① 朱晓阳：《"延伸个案"与一个农民社区的变迁》，载《中国社会科学评论》，2004年第2卷。

② 孙立平：《"过程—事件分析"与中国农村中国家——农民关系的实践形态》，见http://www.sachina.edu.cn/Htmldata/article/2005/09/345.html。

③ 孙立平：《"过程—事件分析"与中国农村中国家——农民关系的实践形态》，见http://www.sachina.edu.cn/Htmldata/article/2005/09/345.html。

街头小巷的对话以及村民之间的"小事",很多时候是村庄"大事"在微观层面的写照。也因为这样,研究注定是相对困难的。这种困难体现在两个方面。一方面,我们进入村庄之时,一些"大事",如村委的选举已经完成,调查只能依靠村民的回忆来完成,而回忆本身并不十分精确,我们不得不对大量村民进行访谈。这又造成另外一方面的问题,村民的谈话中会夹杂很多私人情感,而其带有某些主观看法的对于过去事件的描述又多少带有不真实性。所以我们还面临剔除这些私人情感,还原历史现场的任务。另一方面,大学城的进驻以及村庄的变化或多或少给村民带来了伤害,这些伤害往往就封存在过往的历史现场。我们的进入以及带有目的性地诱导当事者回忆那些可能会导致其内心不悦的事件,让我们本身就带有很深的自责。当我们面对着那些非常希望能够表达、希望社会了解到他们的故事的村民时,我们深刻地意识到:将研究做好是唯一可以缓解自责或者让我们从自责中解脱的办法。

秉持"过程—事件分析"方法的前提,我们进行了持续四年的田野调查。在研究的过程中,我们以一个村庄的"局外人"的身份慢慢进入村庄,而后被认可、被接纳,最终基本做到以一个局内人的身份(当然,这可能是我们自己认为的)对村庄变迁过程作一个较为长期的观察,并全面记录村庄的变迁。我们侧重对事实的描述,在这个过程中还借助了一些具体的调查手段,如问卷式访谈、参与式观察等实地调查法。我们定期在调查点进行调查,力求以此把握第一手资料。

在中国,政府"门难进、人难见、事难办"是一个普遍存在的现象,但是,很高兴的是,我们的研究还争取得相关部门的合作和支持,例如基层政府、民政部门、村"两委"等。在研究的过程中,这些部门都给予了不同程度的支持。

同时,《方圆区志》、《方圆区镇乡志》等地方文献为我们的研究提供了非常必要的支持与补充。不过,贝村并没有村志等文献记录,这是不无遗憾的。此外,我们也不定时召开小型研讨会,并获得相当有益的讨论结果。

(三) 基本概念

1. 村庄

费孝通在其《江村经济——中国农民的生活》中如此定义村庄："村庄是一个社区，其特征是，农村聚集在一个紧凑的居住区内，与其他相似的单位隔开相当一段距离，它是一个有各种形式的社会活动组成的群体。"① 本书提到的"村庄"、"村落"、"乡村"等共用此概念。

2. 村民

对村民进行界定是必要的，目的在于与"农民"进行区分。从严格意义上来说，农民具有很强烈的阶级或阶层意味。农民对应的是工人、士人、商人等，而村民则是与市民对应的一个概念，它并不具有阶层对比的含义。对村民的界定，我们援引如下定义："村民是在一定时期内，居住在某一乡村区域或村庄内，受某一区域或村庄组织领导管理的自然人"②。

3. 城中村

总体上来说，城中村是中国土地制度与城市化进程快速推进的畸形产物。城中村一般指：位于城乡边缘带，一方面具有城市的某些特征，也享有城市的某些基础设施和生活方式，另一方面还保持着乡村的某些景观，以及小农经济思想和价值观念的农村社区。③ 我们研究的村庄被称为"保留村"，但其所体现出来的特征基本上可以套用城中村的定义。

4. 社区

在本研究中，社区被定义为：在特定的地理区域中存在社会交往与互动的网络系统。而这种社会交往和互动包括经济、文化等方面的内容，它既可以是显性的，也可以是隐性的；而在这个网络系统中，发生互动的可以是个人、家庭或者组织。

---

① 费孝通：《江村经济——中国农民的生活》，商务印书馆2004年版，第25页。
② 艾君：《切莫把"农民"与"村民"混为一谈》，见 http://column.bokee.com/135348.html。
③ 张建明：《广州城中村研究》，广东人民出版社2003年版。

三、基本框架

全书分为五章。

第一章是导论部分,主要介绍研究的问题、文献分析、研究方法等。

第二章主要集中于扫描村庄的过去——包括村庄的自然环境、人文历史,即作为一个尚未被城市化的封闭社区的社会、经济、政治状况。对村庄前身的扫描,将作为与村庄现状对比研究的基点。

第三章介绍了村庄变迁的过去与现状,揭示贝村"被终结"的原因及平衡被打破后的内外交困状况。在大学城项目建设的背景下,披着公共利益外衣的强制性城市化宣告了贝村命运的开始。

第四章联系村庄发展的现实与未来,立足现有的新秩序、新经济、新环境,窥探村庄未来的可能形态。依旧是村庄?变成新城市?又或者什么都不是?我们无从得知。

第五章是理论讨论,以"国家—社会"关系模型分析政府与村民的斗争策略;从制度学派的观点出发分析村庄强制性城市化的原因。在对强制性城市化结果进行描述的基础上,我们认为在城市化过程中,如何通过民主的方式让不同利益群体各取所需,是政府理应考虑的一个政策选择。

第二章 村庄的过去：城市化进程中的封闭社区

> 有一段老路仍在这个地方，一层一层的脚印在尘土里飘动。可能很多很多从这条路上走掉的人，在远处回忆往事，也可能许多许多脚在梦中又踏上了这条路。
>
> ——刘亮程：《扔掉的村庄》

一、村庄概况：封闭而有序

对村庄的过去——包括村庄的自然环境、人文历史作一个扫描，是与村庄现状对比研究的基点。

（一）自然地理环境

贝村位于南方省夏都市方圆区小谷围。小谷围处于方圆区北部，面积20.15平方公里，距夏都市中心约17公里，距规划中的夏都市新城约17公里。[①] 小谷围四面环水，水路交通便利。其陆路交通也相对发达，京珠高速从其上方横越而过，西有华南高速、洛溪桥，且规划中的夏都市新火车站即在距其不远西南方向的钟村。地铁四号线横贯小谷

---

① 见http://xiaoguwei.panyu.gov.cn/gaikang.asp?id=427。

围，往北可达夏都市城区，另一方向则可到南沙开发区。

小谷围兼备夏都市几乎所有的气候特点①：属南亚热带季风性海洋气候，夏无酷热，冬无严寒，春常阴雨，秋高气爽。年平均气温22.2℃，最热月与最冷月的平均气温差14.7℃。年平均雨量1646.9毫米，4—9月为雨季，10月至次年3月为干季。年平均相对湿度为79%，年平均风速为2.2米/秒。夏半年盛吹偏东南风，冬半年多吹偏北风，全年大风日数少。夏秋季平均每年约有3—4个、最多有6个热带气旋影响该区；冬季极端最低气温0.7℃。年平均日照时数1807.6小时，热量充足，降水丰沛，对农作物生长极为有利。再者，小谷围为珠江支流所围绕的小岛，河网纵横，渔业发达，岛上土壤也甚是肥沃。贝村村民经常说："我们的地好得很，每一锄头下去都是银子。"

贝村位于小谷围东北部，隶属方圆区新岛镇，北临官洲主航道，南靠夏都市石村，依山带水，濒江是广阔的冲积平原，村人于1935年筑围造田，成为镇内最大的围田区及粮产区。大学城兴建之前，贝村共有耕地2741亩，村民主要通过种植水稻自力更生，外加种植蔬菜、果树以及养鱼、养猪等维持生计，属平原水田特色，传统耕种模式。

（二）行政隶属沿革②

以下以时间为轴，简单勾勒方圆区（原称方圆县）以及新岛镇几百年来的行政沿革。

据《方圆县志》载，明代，方圆县除管辖夏都市城内街区（捕属）外，另设5个巡检司（鹿步司、茭塘司、沙湾司、慕德里司和狮岭司）及1个河泊所，分治县境各地。清朝，5个巡检司辖10个乡，而以10都分属之（后定为6都），下辖66堡，678村。清康熙二十五年（1686年），悉南海地及方圆县狮岭司等地置花县。新岛镇乃明景泰五年

---

① 见 http://www.panyu.gov.cn/upload/resource/category/pygk/category1.jsp?contentId=156&currentEncode=010301。

② 见 http://www.panyu.gov.cn/upload/resource/category/pynj/pyxz.jsp?currentEncode=010310。http://ebook.panyu.gd.cn/ggtsg/html/pyls.asp。http://www.pydfz.gov.cn/panyu_zcz/Records.htm。

（1454年）人们在河滩造地、筑堤建圩而得名。民国以前，小谷围一直被新岛镇茭塘司管辖。

民国以前，贝村属于方圆区茭塘司夏都石堡。民国二十年（1931年）去司设区，茭塘司分为方圆区二区、三区，贝村属方圆区第三区彬社乡（包括现小谷围和长州部分地方，现大谷围一带当时属深水乡），新中国成立初期循民国旧制属禺南西区（即第三区）彬社乡，1953年土地革命之后撤销彬社乡、深水乡，设贝村等七个小乡，属方圆区第五区（后称南村区）。1957年撤区并乡，从南村分出新岛镇乡，贝村属新岛镇乡，1958年10月建立人民公社，新岛镇并入南村，贝村复归南村公社。1961年设新岛镇公社，属新岛镇公社，1984年属新岛镇区，1987年起隶属新岛镇。

2003年征地拆迁之前，贝村依旧在新岛镇的管辖之下。

2004年11月，小谷围街道办事处①成立，贝村隶属小谷围街道办。

（三）贝村历史回放

"小谷围十三乡，大谷围二十四乡"。"官山书院考文章，起步登程大塱。南北二亭皆况近，郭塱一所是中央。练溪原是多油榨，路村乃系众人场。夏都石分明街道广，诗山赤坎付连疆，新坑驹是梁家姓，大涩、双连冯李黄。隔住岗南垾地，分明一所十三乡。隔海官洲离不远，黄埔分明好地方。隔离又有小洲乡。土瓜对折着涌边水，讲事听闻若隔墙。西江又到赤沙地，去到北山路渺茫。又近长洲果左右，分明买卖好租收。廿四乡名档唱透，方圆县志有名留。"②这是乡民对人文地理常识的归纳，以民谣的方式道出了小谷围的村落、人文和物产情况。

---

① "根据夏都市关于大学城行政和社会事务属地管理的原则，方圆区承担筹建小谷围街道办事处，实施对大学城的行政和社会事务管理的任务。方圆区于2004年6月成立了小谷围街道办事处筹建工作领导小组，制订筹建方案。经南方省人民政府批准，方圆区政府决定调整新岛镇行政区划，在新岛镇分设小谷围街道办事处，作为方圆区人民政府的派出机关。2004年9月29日，举行街道办事处挂牌仪式，小谷围街开始正式行使对大学城公共设施和社会事务管理服务职能。"见http://www.panyu.gov.cn/jsp/pynj/pynj_index.jsp?year=2005&currentEncode=010309。

② 曾应枫、周翠玲、冯沛祖：《小谷围》，广东教育出版社2004年版，第29页。

小谷围十三乡划分为六个行政村①，为石村、溪村、南村、郭村、亭村以及贝村，总面积 18.88 平方公里（28747 亩），总户数 4532 户，总人口 14844 人②。各个行政村下辖自然村具体情况如表1③：

表1　小谷围各行政村下辖自然村及主要姓氏

行政村	下辖自然村	姓氏
石村村委会	夏都石	林
	黄陆地	黄、陆
	大涹	黄、冯、李、曾
	赤坎	梁、林
	路村	苏
	新坑	
溪村村委会（旧称白泥涌）		霍、萧、关、陈、洪
南村村委会		关、黄（抗战前有宋姓）
亭村村委会（含官山）		梁、崔、陈、宋及昌华市官山等其他姓氏
郭村村委会（旧称郭家朗）		郭、张、关、梁
贝村村委会	贝村	邵、潘、甘
	南埗	吴
	大塱	黎

贝村行政村就坐落在小谷围中北部，下辖贝村、南埗、大塱三个自然村。其中贝村自然村又分为青云坊、荥阳坊、康衢大街、和乐坊四个部分。我们所研究的贝村，既是指作为行政村的贝村，更多的是指作为自然村的贝村，因为这是我们主要的田野调查地。

以下，我们回顾一下贝村的历史。

元末明初，正是王朝交替时期，战乱频繁。一群因战乱而流离失所的老百姓流浪到古方圆县的一个小岛上。这是一个少受征战惊扰的小岛，在他们到达之前就有村民（白、周、张、冯等姓）在此聚居。这里环境

---

① 行政村是按照国家法律规定设立村民委员会的村庄。
② 见 http://xiaoguwei.panyu.gov.cn/mingfeng.asp?id=434。
③ 曾应枫、周翠玲、冯沛祖：《小谷围》，广东教育出版社2004年版，第29—30页。

清幽,民风淳朴,村民安居乐业,历经战争苦难疲惫的人们得到安宁。他们在这个小岛北部的一个山岗旁建立村寨,即贝村。①

贝村有几个祖先,一为贝村之开村先祖,一为南埗开村之祖,一为大塱开村之祖。其中贝村邵氏、潘氏两先祖之间有着兄弟般的情谊。邵氏原为福建人氏,其后南下到达南方省南海,后战乱至,与潘氏祖先避难至此,距今已700余年。最初邵氏祖先落足于南村,在元至正年间(1341—1368),十世祖深甫再从南村迁徙到贝山,亦即现在的贝村。现今邵氏大多追溯其先祖来自南海三山,其子孙居住在青云、康衢、和乐三坊,至今此地还留有清朝年间牌坊"青云坊"、"康衢大街",此外还有邵家码头;而潘氏则称其祖上由河南荥阳而来,潘氏子孙因而立荥阳坊而群居。邵潘两姓子孙于此开枝散叶,人口竟超过了原先聚居于此的人家,成为贝村之大姓人家。而由于邵氏子孙众多,其势更甚。贝村行政村下面的南埗村则在小谷围北部,官洲水道东岸,其具体位置是夏都大学城S大学。据嵌于村中吴氏宗祠左边墙之碑(1997年立)载:"南埗房由南海林岳迁至开村,是年明朝永历癸未年(即公元1403年)。"原村主姓彭、黄,现已无人,今为吴姓。大塱在贝村西南,黎姓②。

图2 贝村外部概貌

---

① 曾应枫、周翠玲、冯沛祖:《小谷围》,广东教育出版社2004年版,第55页。
② 曾应枫、周翠玲、冯沛祖:《小谷围》,广东教育出版社2004年版,第57页。

二、村庄政治

从行政隶属沿革可以知道，贝村基本隶属新岛镇管辖。贝村村委会下辖贝村、南埗、大塱三个自然村。村庄事务由村"两委"——村民委员会（村委）、村党支部（村支委）负责。

以前，贝村小学的篮球场是选举村委的场地。村委经由村民大会选举产生。凡年满18周岁的村民都有选举和被选举权。村民大会以无记名投票的方式选出，当场开票点票。一般选举都安排在周六、日进行。对于村委选举，村庄也会给予村民误工补贴。村支委由村的所有党员以党员会议的形式、以无记名投票的方式选出。一般来说，候选人得票须过半数才可当选。按照规定，村委职务有村长、两个村委，共三人；支委有一个支部书记，另有两支委。村"两委"一般是两套人马六人。其中，支委可以兼任村委。大学城建设开展之前，村干部就只有五人（见表2）。其中一个支委兼任村委。村干部可以获得工资和其他补贴。村长和支书工资一般比较高，有1000元，其他的村干部有800元。此外，村有生产队长，主要有两个任务：一是对下传达村委、支委意见、通知，对上表达民意；一是处理生产队内部事务，譬如召集生产队会议、分配队内生产任务等。生产队长一般在村的祠堂进行选举。村庄对生产队长也有每个月100元的补贴。生产队下面是户代表。一般来说，村庄选举等大事都会召开生产队长会议、户代表会议和村民大会。

表2　贝村上届村"两委"组成

上届村干部	姓名	上届村干部	姓名
村书记	何波女	村委	邵松林
村长	邵耀深	支委	原灿明
村委	郭海明		

村干部主要负责处理村日常事务，包括财政、民政、治安、计生、文教等等。在大学城建设之前，村庄的财政管理制度很不完善，动用50万以下的资金只需村长一人签名就可以了，50万以上的才要村干部共同签名。

村庄还设有治安队，主要是由青壮年人员组成，一共十人，其中三名是退伍军人。治安队分三班每天24小时在村巡查。

三、村庄经济

据方圆区1998年年鉴数据，贝村总面积3.31平方公里，人口2371人，耕地2387亩，其中水田1780亩，旱地507亩。1997年工农业总产值630万元，农村人均收入3757元。2003年年鉴记载：2002年，贝村有868户2590人，12个村民小组（生产队），村干部5人，劳动力1535人，全村总面积366公顷，耕地面积101公顷，有小学1间，学生350人，教师13人。2002年该村工农业总产值2113万元，人均收入6452元。农业主种蔬菜、稻谷，其中蔬菜常年保有面积60公顷，以种植节瓜、玉豆、辣椒为主。2002年，该村不断投入资金完善各项基础设施建设，投入117万元兴建占地3068平方米的肉菜市场，设有20间商用铺位，固定及散档摊60多个，并于2002年5月投入使用。投入20多万元建设了占地887平方米的公园，为村民提供了一个休闲、娱乐的好去处。同时投入1万多元对村的街道、下水道、闲置地环境卫生进行整治。

大学城兴建之前，村庄基本处于自给自足状态，主要行业有种植业、渔业、牧业、工业等。绝大部分村民以耕种、渔业为生。村民在1935年筑围造田，成为新岛镇内最大的围田区及产粮区。大学城兴建之前，贝村共有耕地2741亩，村民种植水稻、蔬菜，因此，粮食基本可以自给自足，食用油可以通过自己种植的花生来获取，肉类食物也通过饲养鸡鸭鹅猪等来获得。再者，由于水网密布，村民基本都打了水井，而且渔业也相当发达。1994年，南坺挖了第一个鱼塘，养上了鱼，村民也可以在周边的水域中捕捉到黄鱼、凤尾鱼、虾等水产,家庭吃不完的部分还可以拿到市场上去卖。在大学城建设之前,菜类基本上是自给的,而肉类市场则是很不规范的,一般是在青云坊等门楼旁边设置几个零散的档口。

在贝村,男人一般负责粗重活,譬如耕种,捕鱼。在市场经济的冲击下,部分村民特别是中青年男性也耐不住村庄的农耕生活,纷纷外出打工。贝村的女性也有干粗活的,正如村里的老人说:"别人说男耕女织,但我们这里是男的耕,女的也耕。"当然,女性从事的更多还是细活,其中特别值得一提的是"珠绣"。

珠绣可以说是一项传统工艺,小谷围各村的妇女大多数从事手工珠绣加工。村里的妇女和小女孩基本上都会"做花",事实上,一些男性也是绣花好手。在村庄作调查的时候,每每我们看到的绣花妇女,基本都有两张高板凳,上面一张绣花架、一张画着图案的布、几个装满了珠子的小盒子,一张凳子一摆上,就开始工作了。以前,珠绣市场发展势头很好,做得快的人一天可赚四五十元,一方面补贴了家用,另一方面也使得民间工艺传承下去。近几年来珠绣市场不景气,村民做珠绣的收入也就降低了不少。但是,由于大学城征地之后很多村民没有工作,这项不稳定而且收入低的行当却很大程度上支撑着大部分家庭的经济。

表3　2003年贝村经济收入状况① 　　　　　　(单位:万元)

禾田种植业	渔业	工业	牧业	建筑业	运输业	餐饮业	其他	年总收入	年人均收入
282	247	202	220	290	135	260	579	2215	0.7578

注:禾田种植业分为水田与旱田,一般水田的经济效益比旱田高。最早鱼塘是1994年在贝村挖田而成的,其数目应该是保留区各村之冠。工业主要是指贝村南埗村砖厂,当时(2003年)贝村的工业就只有这一间砖厂。

---

① 数据参见张玲芳、黄清泉、李旋、吴振声、邵敏锋、梅方飞等:《大学城村落变迁专题调研之贝村篇》,2005年。

表4　2004年贝村经济收入状况① 　　　　（单位：万元）

工业	建筑业	运输业	餐饮业	其他	年总收入	年人均收入
225	335	150	315	695	1720	0.6246

表5　2006年贝村经济收入状况　　　　　　　（单位：万元）

工业	建筑业	运输业	餐饮业	服务业	其他	年总收入	年人均收入
108	309	165	305	154	664	1705	0.7473

从表3、表4、表5可以看出，大学城征地拆迁之前贝村各行业对村庄经济的贡献大体相当。大学城建设之前，贝村村民经济收入比较可观。基本上，村民年均收入都在7000元以上，由于耕种、渔业的收入取决于村民的勤劳程度，本身就不是很稳定，而珠绣收入又随着市场而波动，也并不稳定②，所以，村民贫富差别也不是很明显。贫困的人大多数是因为身体病残，其他的多是孤寡老人。村里贫困的家庭大概也就30户左右。一般来说，外出打工或经商的村民家庭相对要富裕。村民很多都购置了洗衣机、空调等电器，除了小岛较为封闭，交通较不便利之外，村庄的生活条件并不见得比城市差。对比城市人，村民们的生活显得更加悠闲。可以说，大学城建设之前的贝村，村民世代居住于此，男耕女织，往来收获，巷陌交通，鸡犬相闻，俨然世外桃源。

尽管相对封闭，但是村庄很早就有外来人员光顾。南埗就曾经有一条"广西村"。广西人在村里租田地种玉米或其他农作物，而且一般都

---

① 2004、2006年数据为小谷围街道办事处的官方统计数据。
② 由于"做花"时间太长，对于眼睛伤害很大，不可能长时间做，所以珠绣也很少成为家庭的主要经济收入来源。

是一家大小都过来。他们也对贝村的经济作出了一定贡献。

大学城建设之后，从2006年的统计数据上来看，种植业、渔业完全退出村庄经济，建筑业和第三产业都有所发展，但是，村民人均收入却比大学城建成之前相对低了一点。

四、村庄社会

费孝通先生指出，乡土社会是一个"熟人社会"。这个熟，不是一般意义上的相识，而是指物质或精神上的共同性。共同性的形成及维持，则需要村庄秩序的规范，村庄传统的世代相传，以及村庄公共空间的具象载体等。

（一）秩序：村庄社会的运行规则

村庄作为中国社会最基本的单位，它的政治、经济、社会等多种事件所发生的场域是狭窄的并且是重复的。所以，村庄秩序产生和维系的现实土壤是富有乡土独特的风味的。

首先，在贝村这个南方独特的乡土社会中，建立在亲族关系基础上的内生的亲缘秩序和在国家行政体制链环中植入的行政秩序是村庄秩序的两个重要构成要素。

贝村是典型的聚族而居发展起来的村庄，宗族秩序在贝村的村庄生活中有着重要的地位。即便在上个世纪摧枯拉朽的改造后，宗族秩序虽被破坏而有所淡化，但从未淡出贝村的社会生活。乡村社会互动网络始终建立在宗族关系中，族亲关系在村民的互动符号中也未曾消失。即便是最年轻的一代也在称谓中能意识到在村内亲缘内外的亲疏关系。春耕农忙季节，或者谁家遇上红白喜事，相互帮忙的更多是同姓的兄弟家族；乡村社会生活中的宗祠祭祀、端午节龙舟赛也是由族内的长辈或声望高的人主持。

亲缘秩序不但在社会生活中产生影响，在村庄政治领域也有所涉足。而大家族在村庄权力中则占有更大的话语权。贝村的政治领袖多数是由大姓人家担任，连村"两委"选举中的候选人也大多数是家族势力较大的人。当亲族秩序通过选举等仪式渗入到行政秩序中，就在村庄行政中代表了自己宗族集团的利益，而行政秩序的条条框框所体现的国家意志也渗入到村庄生活中。政府通过培养自己在村庄中的代言人（政治领袖），指导村庄制定村规民约等，将国家意志一直输入到村庄的制度安排中。村庄秩序是两种秩序作用下形成的正式和非正式游戏规则的总和。

其次，贝村处于政治气氛较淡的南方省，同时处于经济发达地带的边缘，在城市化强大的拉力之下，村民们越来越成为理性的"经济人"，对村庄公共事务的关注越来越少。过去，村民们即使外出捕鱼打工，都会在一些特殊的日子回到村庄内，参加诸如宗祠庆典、节日、村务会议等。如今，越来越多的青壮年走出村庄进入城市打工、经商、读书，他们有更多的机会为自己而活，在各种属于村庄的节日——如天后诞等——或村委选举、村民大会上，村民的出席率低了很多。许多人以低调低参与的姿态淡出了村庄秩序的许多条框。

再次，处于经济发达地带边缘的贝村，人口流动性很大。村庄内很多年轻人都会到城市里寻找就业机会，或者直接迁居出去。由于村庄处于城市边缘，低成本的生活和逐渐增多的商机使得开始有些外来人员迁入（这种状况在大学城建设期间达到顶峰）。人口流动导致村庄秩序的变迁。外来人口增多，一方面会导致摩擦，引发矛盾，另一方面也要求村庄组织上的变化，以维护秩序，适应新环境的要求。越来越多外来人口的迁入使村庄的平衡一时被打破，治安等问题凸现。面对外来的矛盾，如果依靠亲缘秩序，只会加剧矛盾，这时行政秩序成了解决问题的好武器。于是，贝村相继设立了治安巡逻队，维护村内治安。街道办也在贝村设立专门管理外来人员和出租屋的专职人员。

贝村的村庄秩序在大学城征地之前都处于缓慢的变迁过程中，而大学城建设及其引发的利益格局和村庄秩序的重设和维系，让我们看到了一个村庄艰难的历程，不同力量的博弈，影响秩序的各种不同因子的较量。所有这些，将在下一章详细论述。

（二）传统：村庄社会的绵延血脉

在中国，血脉关联是最被看重的。因此，开枝散叶之后自然免不了建设宗祠，一是表达对先人之敬意，二是显示血脉传承与亲疏关系。在贝村，基本上每一个姓氏都有自己的宗祠（最初祖先）和公祠（最初祖先的后代分支），不过这些祠堂大多是"命途多舛"。

邵氏建有很多座祠堂，现在仅存三座：一为邵氏宗祠，一名"湛泉邵公祠"（见图3），一名"松菊邵公祠"（见图4）。邵氏宗祠是邵姓中排行最大的祠堂，在宣统二十一年重修过一次，费用以家庭为单位自愿捐款，有钱的人就以个人名义捐款，外搬到香港、澳门等地的人也会捐钱回来。一般来说，同姓同宗，捐钱的人一般也只指向自己的宗族。修复时没举行特殊的典礼和法事，修葺后也没有做。邵氏宗祠堂内有一石碑记载了捐款的情况。宗祠在抗日战争时期曾受到轻微破坏，后因无人主持重修及岁月摧残，至今已非常破旧：墙上雕刻破损，壁画褪色甚至消失。大学城建设前，宗祠里安放着祖先灵位及邵姓龙舟的龙头、龙尾。宗祠下面是各房的公祠，其中南甫邵氏公祠因建大学城已拆除、南墅邵氏公祠20世纪70年代时已拆除。这些祠堂在"文化大革命"中、"破四旧"时都遭受过劫难。至今虽说三座宗祠仍在，但是，除了"湛泉邵公祠"之外，其他两个皆已破落不堪。

图3　湛泉邵公祠

图4　松菊邵公祠（祠堂的门联是"听毛主席话，跟共产党走"）

当然，除了血脉宗亲，还有一样也是被中国人所看重的，那就是"拜神仙、敬鬼怪"。在小谷围，存在的"神仙"就不少。像在贝村，"土地爷爷"、"天官"、"灶君"，还有"祖先"是最经常拜的，这是一直延续下来的传统，敬奉方式也是一套简单但严整的程序。以农历七月十四"烧衣"为例：相传农历七月十四为鬼节，几乎每家每户都会在傍晚时分摆设一些酒、菜、肉、饭，并烧一些金银衣纸以孝敬先人。同时有些人家会在门口撒饭、碎菜、肉粒，用意是让外面的孤魂有吃的，不会跟先人争吃摆设的饭菜。更有一些村民会凑少许钱买衣纸，由几位老人负责到路边烧和撒饭菜。

每年的农历二月十二日是波罗诞，村民前往南海神庙①（波罗庙）参拜。诞期前后三天内，乡民联群结队，前往波罗庙，并买回泥塑贴真毛的"波罗鸡"及纸扎风车等回家作为祝福纪念。

此外，村庄建有"天后大庙"（见图5），据悉所奉者为得道成仙者

---

① 村民去的南海神庙在贝村以北，隔江对望的黄埔。

林默——当年海上渔民之保护神。村庄每年农历三月二十三必奉迎天后圣驾。新中国成立前,村里每年都会举行游神(天后)的活动。游神的范围遍及整条村,同姓的、不同姓的、本村的、村外的都可以参加,外嫁的、搬走的很多都会回来,有的还邀请亲戚朋友一起,参加的人非常多。游神的时候会舞狮,打鼓,抬神,飘色,村里会挑一些个子、年龄适合,乖巧伶俐的小孩在木架上站着,每个架都有其主题,大多数都会是一些神话或历史事件,例如"仙女散花"、"蟠桃贺寿"等,小孩们穿一些与主题相符的服装。

然而此庙于 20 世纪 70 年代被拆毁,1991 年方才重修。在这个庙中,居然有玉皇大帝、天后、满堂佛、地母、观音、黄大仙等神仙。不过,在 2003 年大学城拆迁中,此庙同样受到牵连,如今各路神仙只能"蜗居"在村中的一个小角落。

图 5　现在的天后大庙

村庄另有供奉金花夫人,据方圆县志载:金花本为民间一女子,十余岁就做了女巫,人们称她"小仙姑"。她成仙的一种说法是,五月五日端午节,金花于湖边观龙舟竞渡,一不小心掉进湖中溺死。死后尸体浮上湖面，尸体旁有个香木偶像，酷似金花夫人生前的模样。人们便立祠供香木偶像，把它当作金花夫人的神像。祠庙建在月泉侧，并把这个地方叫作惠福湖，溺死金花的湖则称作仙湖，因为金花是于湖中成仙的。据说，当地人前往祈求子嗣，十分灵验。村庄乃至小谷围每年金花诞都有唱大戏的传统。

再者，村庄每年五月初五端午节有划龙舟习俗。据说"龙"是岭南人祖先所崇拜的图腾，龙舟节也可以追溯到古南越人的祭图腾活动。事实上，整个小谷围乃至方圆区都有此习俗。"四月初八，龙舟到处挖"。在划龙舟的准备期间，村民们就忙活起来了。一般来说，村民会先在泥土里把龙舟"请"出来，待船体晾干，用猪皮擦木板，让龙舟显得很光亮，再涂上桐油，油漆一新，之后重绘龙头龙尾，制作船桡及船面服饰如罗伞、扶神等，然后就让有经验的船匠用藤结扎起龙骨。五月初一之前，要"采青"①。龙舟竞赛当日，村中像是过节一样热闹非凡，比赛之前会先在祠堂集中吃龙舟饭。除了比赛，还会在村的河涌扒龙舟，不单有本村的龙舟，还有兄弟村（如三山）的龙舟到来游龙，扒了几回后，他们会上船吃村里准备的龙船饼（以酥饼为主）。家长也会带小孩去看热闹，洗一下龙船水，吃一个龙船饼或摸一下龙头，这些行为都有其特殊的传统寓意。

在贝村，龙舟活动由一个名为"龙舟会"的组织负责协调举行。在以前，一般是生产队长作为负责人。龙舟会主要负责筹集善款，联系其他村庄。然而，龙舟赛事作为一项村庄间的大喜事竟也多少惹出过祸端。20世纪60年代深造海龙舟群殴事件②使得村民因而怪责龙舟，称

---

① 一般潮水刚涨时，村中喜爱龙舟运动的老少把船抬到村河涌边采一些菖蒲，将其放在龙头和龙尾以示平安。其时，扶神者则把写好的"净水符"贴在船的供奉神具内，在村内小河扒来扒去热闹一番。还要给划龙舟的人撒米，也是祈求平安，还会在锣鼓等上面贴上新的符。

② 1962年6月7日（农历五月初四），新岛镇河面举行龙舟竞渡。新岛镇公社石村大队的龙舟与夏都市郊区新滘公社土华大队的龙舟发生碰撞而引起纠纷，引发方圆区的石村、南村、草塘、茭塘、官塘大队的群众与郊区新滘公社的土华、凤池、大塘等大队的群众数百人参加械斗，殴伤46人，其中3人重伤。经双方上级机关派出大批干部深入到各村做疏导工作，才将事态平息。（见《方圆县志》64页）

龙舟为"最惹事的东西"。再者，由于"文化大革命"的"深入开展"①，村里索性在20世纪70年代卖掉龙舟，并以卖龙舟之所得购置放映机。村庄民俗至此只是保存着清明祭祖、中秋花灯等。

随着十一届三中全会召开，否定了"文革"中声势浩大的"破四旧"行为，传统习礼在一定程度上得到复兴。20世纪80年代②，村里重新购置了龙舟，一些热心村民（多为原生产队队长）再度组织龙舟会。这项活动竟也在一段时间得到恢复。然而，随着改革开放的深入，外出创业的村民家乡观念日渐淡薄，加之龙舟会内部运作透明度不高，龙舟活动再也无法开展。

此外，村庄以下几个习俗也值得一说。

一是婚嫁。在传统文化的影响之下，父母包办婚姻较多，也讲究门当户对。以前同村人结婚较多，但邵姓和潘姓不可通婚，相传结果难以完满，再者同姓人不能通婚。现今则是自由恋爱居多，并不拘泥于旧有习俗，然而一般的婚礼都不是很隆重，当然，富家婚礼则相对隆重一些。旧社会用的是大花轿，迎亲队伍中还会吹嘀哒，新中国成立后就不讲究这个了。如今，有钱人家会开个"花车"——小轿车接新娘，有时候还一路放着鞭炮。主持婚礼的一般是父母。结婚的时候亲戚朋友邻居都会送贺礼，一般会在祠堂里摆酒席，也有的人选择在酒楼。一般来说，女方会请一位"近身姐"（会全程陪伴新娘到男方家，教新娘一些礼节）在结婚前一天晚上为新娘及她的母亲上头（戴上一小支扁柏），还会拜祭。第二天下午，新郎到女家经过玩闹一番及给姐妹红包，才可进门，新人俩向父母、长辈行礼后，由女方父亲打伞、撒米、开手电筒送女儿出门。随后嫁妆由女方亲友抬出跟新娘一起到男家。到男家后，

---

① 在"文化大革命"期间，县委认为民间划龙舟是封建迷信活动，并容易引起宗派械斗，连续多年三令五申严禁划龙舟活动。1976年端午节前后，为根绝划龙舟这个祸根，全县大搜查龙舟，并把搜查出的76只龙舟集中到市桥大沙地拆毁，所得木料交由国家收购。（见《方圆县志》72页、75页）

② 1981年端午节前后，方圆区恢复了被禁止多年的龙舟竞渡活动。这年的6月6日（农历五月初五，即端午节），市桥河上举行了端午龙舟竞渡活动，首次有30艘龙舟参赛。（见《方圆县志》72页、75页）

新人俩要先到男方的长辈家行礼后再到酒堂敬酒。

一是生——生小孩。解放以前，邻居们，主要是亲戚朋友，都会送一些红包、肉、红鸡蛋、红布之类的，满月的时候生男孩的人家会请吃饭，但生男生女都会回送红鸡蛋、姜醋，富人家就办得比较隆重一点。现在生男生女都差不多，亲友送礼物或给红包，满月时主人都会请亲友吃饭。此外，村庄里还有契树的传统：出于小孩生辰八字的需要，家长会帮小孩契村里的榕树，他们会在树上贴上红纸，纸上写有小孩的姓名及有关的字句。这其中以贝村小学旁边的大榕树（因大学城建设，现已不存在）最多人契。

一是死——葬礼。在相对封闭的村庄，过世的人一般来说都是土葬，这和中国传统的"入土为安"是很符合的。在贝村，很久之前有一种比较独特的坟墓——没有棺材，底面铺木炭，顶部用石砖砌成拱圆形，还会在里面放12个圆孔铜钱。人去世当天晚上，亲戚朋友会到死者家坐着，叫"坐夜"。葬礼一般办得不大，参加葬礼的不管是否是外姓外村的，只要是亲戚朋友就可以。送葬后的21天会分为三旬，七天为一旬，三旬过后，会请亲戚朋友吃饭，以表示白事做完，现在做好事，一起吃饭的人都会聊些家庭琐事。

以前先人都是安葬在山冈上的，大学城征地之后，祖宗坟墓基本上都被迁走。现在都是火葬。村民对于这个变动是颇有微词的。一方面扰了先人的安宁，另一方面如今清明"拜山"也显得冷清和不方便了。

我们再来看一下村庄之巷陌与房屋。由于村庄建设并无细致规划，村庄巷陌曲折回环，巷道狭窄且坎坷不平，道路多以花岗岩为主，有的只由两块宽阔的石板组成。经长年累月地"烙印"，石板路变得很光滑。村庄房屋部分已逾上百年历史，其建筑风格也体现了岭南建筑特色。传统的"三间两廊"、"一正一侧"民居，多达62处，相当多的民居还保存完整。屋檐贴有石雕花纹，大门外还有一扇"门"，由数根粗大圆横木平行排列而成，不关木门，只关此门时即可使屋内通风采光，又可防盗。如今，很多上百年、几百年的房屋外围墙壁仍然完好如初。值得一提的是村庄的牌坊和蚝壳墙房屋。牌坊可以看作各个坊的分界。

贝村有青云（建于光绪年间）（见图6）、荣阳（建于同治年间）、康衢、和乐（已拆）四座牌坊。现存较完好的蚝壳墙房屋有两间，外墙镶嵌着蚝壳，厚约50公分，内墙通常上石灰。据了解，这种房子有冬暖夏凉的功效，但如今这类房屋已无人居住。

图6　贝村青云牌坊

（三）教育医疗：村庄的生命力

贝村有两间小学，旧的一间由于年久失修，在2000年左右被废弃，村民通过自愿捐款的形式筹建新的贝村小学。小学的建造需要耗费不少费用，当时估计需要60万。按村里每个人60元的标准收取学校建设费用，居住在香港、澳门的老乡也捐赠了部分资金，但是最后只有30万，因此向银行贷款30万。新小学建在湛泉邵公祠旁边，相隔不到400米就是村委会。小学修得也很气派，可算作小谷围最好的小学了，村民也认为小学是本村的标志性建筑。

大学城建设开始后，由于小学的一小部分刚好在规划的马路上，因此政府提出全部拆迁，村民觉得很没有必要，因为占据的实在是很小一部分，拆一部分就行。但是政府还是要求全部拆迁。2003年，政府与贝村大队通过协商，确定了小学拆迁之后的教育安置事宜，包括对贝村大队的赔偿款（政府赔偿80多万）。但是，最后学校拆迁的补偿款没有下落，据村民说也许被上届村委"糟蹋"了。

目前，村中孩子们上学都是去大学城南边的石村小学（方圆区教育局直属，因贝村小学搬迁而扩充面积，扩充费用由教育局负责）或者去岛对面的新岛镇的其他学校。孩子们上学都是通过车辆定时接送。上学路途如此遥远，家长都表示了不同程度的担忧。

事实上，作为南方省文化大省标志的夏都大学城，有十所高校入驻却只有一所小学。四个保留村的孩子们上中学必须到岛外去。大学城园区建设起来后，教育文化气氛浓烈了，但是保留村内的孩子们却仍然被隔在这些没有围墙的大学之外。他们没有权利与大学分享公共设施，保留村和高校间共融的景象似乎还很遥远。

虽然在大学城规划版图中，这些保留村都将拥有幼儿园、养老院、公寓、小学等配套设施，同时夏都大学附属中学也将移居大学城，但贝村小学的拆除却是一个值得深思的问题。当政者在规划和建设过程中，对各方面问题的考虑远远不够。同时，在对这些问题表达不满和寻求支持的过程中，村民得到的答复和支持也是非常不够的。大学城各大高校的建设日新月异，而村庄规划蓝图的实施却不见动静。

与教育相同，村里的医疗条件也相对落后。村里现有卫生站设在村委办公地点旁边，是一间不到40平方米的小房间，包括了药房、输液室、医生坐诊台和病人候诊区。卫生站有三名医生，最年轻的30多岁，还有两个医龄达20多年的老医生。三名医生不是本村人，而是村委"引进"的。村委和夏都市某医院联系，由医院派遣医生长期坐镇贝村，医生工资主要是由医院发放，而贝村村委方面则为其提供交通补贴等。卫生站同时受村委、新岛镇医院（小谷围街道委派）和方圆区卫生局领导。为了方便村民就诊，医生每天都是九小时工作制（上午9点到12点，下午3点到8点）。村里安排了卫生站旁边的两间小屋作为医生的住所。

较多村民认识的是陈医生，陈医生原先在方圆区的一个医院工作，当年因超生问题，医院不让他继续干了。后来贝村大队把他请回到村内的卫生站为村民服务。陈医生为人厚道热情,乐意为村民服务,就算半夜三更有人找他看病都会赶到,因此村民都很喜欢这位医生。村里还有另一位医生叫潘永雄,是当年大队派出去学习的医生,回来后到了卫生站,现在则离开了卫生站,自己开私人诊所。村民反映潘医生收费很高,看一次病都要六七十元,而且为人并不是很好,据说在卫生站工作时曾把贵重的药品据为己有。村民和我们讲述了一个事件:陈医生要办卫生站经营牌照,潘医生串通城管不给他办证,并要赶他走。这遭到村民的坚决反对。村民认为:"怎么能把好医生赶走?而且潘不住贝村,如果夜晚有病,去哪里找医生?那姓潘的就是怕'多只香炉多只鬼'(俗语,意为分享了利益),所以想把陈医生赶走!"

除了工资和补贴,卫生站基本上是自负盈亏。由于农村卫生站不允许向药商直接拿药,药物多是从医院进货,卫生站的药品进出都有比较严格的登记制度,病人也只能凭借处方拿药,村民如果买药的话,一般到村里另外开设的药店买。卫生站位置比较偏僻,但这并不影响病人来此寻医。除了贝村村民,其他村的村民也有过来看病的。从其他村的病人身上我们了解到,由于到新岛镇医院要坐两次车并且还要转乘渡船,相当麻烦,并且一般的私人诊所收费较高,所以他们都愿到贝村卫生站看病。

总体来看,村庄的医疗条件仍然很落后,主要医治一些日常小病,村民如有较为严重的疾病则无法开展治疗。

(四) 公共空间:村庄社会的"大舞台"

村庄的公共空间是贝村村民的生活空间,为他们的交往关系的形成提供舞台,因而是有意义的活动空间。对比个体情感上的孤独,乡村公共空间是一个交流感情、传播信息、产生故事和教育、游戏的场所,也就是一个世俗性的公共空间(比如村中央的晒场和大树下、房屋与房屋的过渡地带、小巷的拐角处等等)。①

公共空间对村庄社会是关键的,它寄托着村民历史的追思与本土的关怀。作为一个社会生活的领域,在那里人们可以讨论有关公共利益的

---

① 张柠:《土地的黄昏》,东方出版社2005年版,第53页。

事情，可以对上述事情进行讨论而不必求助于传统、教条及强力，可以通过合理的争论来解决观点的分歧。[①] 但是大学城建设开始后，贝村的公共空间不断被挤压，一位老人如是说："政府应该至少搞个老人活动中心，给些体育器材，让我们有个地方锻炼锻炼，有个地方看报纸、聊天、看电视什么的，不然就像现在一样每天到青云坊那边去。政府应该多为我们的福利着想"。

目前，贝村的公共空间主要有以下四处：

1. 宗族祠堂

乡村宗族祠堂作为一个神圣的公共空间，是村民抽象的精神空间，它将宗族的过去（死亡）和未来（绵延）联系在一起，为"现在"的秩序提供保护。[②] 如前文所述，在贝村基本上每一个姓氏都有自己的宗祠和公祠，比如邵氏就建有很多座祠堂，邵氏宗祠是邵姓中排行最大的祠堂，宗祠对下是各房的公祠，其中有湛泉邵氏公祠（是摆酒常用地）、南甫邵氏公祠（因建大学城已拆除）、南墅邵氏公祠（20 世纪 70 年代时已拆除）、松菊邵氏公祠。四个公祠代表邵姓的四房太公，大房和四房很早之前就搬到本省其他地方，村里就剩下二、三房。

这种公共空间带有宗族的神圣色彩，它并非任何人都可以进入。比如邵氏宗祠对于潘氏宗族来说就是禁地，反之亦然。尽管公共祠堂这种特殊的公共空间在范围上要小于后述的几种类型，但却是最重要的。它寄托着同一宗族的精神血脉，凝聚着同一宗族的美好愿景。

2. 村口大树下

村庄的公共空间是一种使"事物凝聚在一起的能力"，它是一个交往的舞台，一个产生生活意义的空间，当然也是矛盾是非交汇的场所。贝村村口的大树（见图 7）为村民的聚合提供了适宜的场所，老人在这里闭目养神，中年人在这里诉说家长里短，小孩子在这里嬉戏玩耍，它被村民集体占有，无论年龄大小、性别男女、职务高低。

---

① [美] 乔纳森·H. 特纳：《社会学理论的结构》，邱泽奇、张茂元译，华夏出版社 2006 年版，第 196 页。

② 张柠：《土地的黄昏》，东方出版社 2005 年版，第 56 页。

图7　贝村村口大树下

3. 村内地方剧社

大学城建设之前，村里唱地方剧的主要在湛泉邵氏公祠活动。该剧社有十多人，以老人为主，男性较多。主要乐器有扬琴、色士、高胡、三弦等，乐器主要由村委会、镇文化站赞助。每逢星期二、四、六晚上（因务农，所以晚上较空闲）都会有活动。剧社丰富了老人们的休闲活动。贝村村民尤其是老一代倍感亲切和熟悉的地方剧社，成为大家共同怀念的一种记忆符号，村民因此而被联合起来并得以相互交流。

4. 村南青云坊

青云坊在贝村的南面，算是贝村的一个"入口"，左边写着"鹤山冯侃乾书"，右边写着"光绪乙未重建"，中间端端正正用行楷书写着"青云"的门楼牌。

走进门楼（见图8），左边是一尊"土地公"神像，两边各有一条一米多长的石凳，墙上写着"老人坐立地方，不准任何人摆卖"。石凳可以容纳的人数大概在八到十人，这些人一般都是60岁以上。一般来说，这些老人每天大概有两个时间段会在这里聚集。早晨9点左右到

11点,下午的3点半左右到5点。通常老人的数量会保持在五到七人,在某些时候,偶尔有人提前离开,也有人中途加入聊天行列。在这些人里面,村里年龄最大的老人基本上每天(如果天气状况良好)都会出现。作为历经沧桑的长者,他们可以讨论国家大事,也可以畅聊家长里短,在青云坊言论是自由的。他们可以每天和不同的外来人诉说着同样的故事,你走了,他们照样和往常一般,对你评论一番,然后又重新回到村庄的日常琐事中去,似乎你从来都没有出现过一样。

图8 青云坊聊天处

本章小结

在中国的行政版图上,几乎每天都有约70个村庄消失,每一年则有数以万计的村庄悄然逝去。① 在城市化浪潮的冲击下,"熟人社会"愈来愈被挤压。但无论是自然消失,抑或是被动取代,它们都需要以这

---

① 转引自[法]孟德拉斯:《农民的终结》,李培林译,社会科学文献出版社2005年版,封底。

样或那样的方式，被记载，被描述。

贝村，正如它的名字，曾经是一片世外桃源，远离尘嚣，在岭南文化环绕下散发出浓郁的乡土气息。尽管如今我们难以觅见它曾经的绰约风姿，但行走在贝村的青石路上，一幢幢房屋，一条条巷道，却是"旧"得真实，"残"得可爱，旧壁残垣之间，流淌着光阴的故事。贝村是不幸的，夹杂着强制征地、强制拆迁，它最终没有摆脱被城市化的命运；但贝村又是幸运的，作为一个村庄的终结，它的过去被记录，它的现状被解析，它的未来被展望。正如孟德拉斯（Henri Mendras）所言，20亿农民站在工业文明的入口处，这就是在20世纪下半叶当今世界向社会科学提出的主要问题。直至今天，这个问题依然存在并更加紧迫。无数贝村一样的隔离社区被卷入总体城市化进程中，面对着发达的工业文明，村民们背负的是沉淀千年的农业文明。所谓的公开透明的现代民主政治却带给了他们更多的疑惑，自由竞争的市场经济让他们无所适从，公共空间的不断压缩让他们远离熟人社会。总之，他们离土地愈来愈远了，但骨子里的小农理性却未曾减少，这与村庄的过去有着千丝万缕的勾连。

第三章 "终结"的开始：
突飞猛进的征地运动与村庄的分化

在地上我只有一个行将即失的家园。

在天上我没有自己的一砖一瓦。

——刘亮程：《扔掉的村庄》

一、大学城项目突然开始

繁华属于过去，美景已然昨日。

随着大学城建设的开展，村庄历经了前所未有的大变动。田地被征，果树被伐，村民外迁，外来务工人员进驻。庭院不再是过去庭院，邻里也不再是昨天邻里。少见了亲切的面孔，多了些熟悉的陌生人。

更甚的是，政府开下"空头支票"，至今村民仍无法取得800多亩的预留地。大学城建设至今，部分村民只能靠着以前的积蓄生活；而村干部竟挪用征地补偿款4000多万，投资证券，以致最后血本无归；此外,大量外来务工人员进驻,村庄环境恶化,昔日鸟语花香,今时却已是杂乱不堪。

在村民看来,贝村如今是一个破败的家园。

如果说村庄的破败让我们无奈,那么,村民对于村庄的感情则让我们为之赞叹,也为之悲哀。在采访的村民中,一个70多岁的老人这样说:"有人说,'何必留恋破家园',但是,我又很留恋。"

村民无疑是很痛苦的。一夜之间,他们被宣布不再是农民,也是在一夜之间,生活了几十年的村庄,依仗了几十年的土地,变得连自己都陌生了。

这一切,从大学城建设开始……

(一) 建设背景

下面,我们将具体阐述贝村如何被"强制"地走向终结。

夏都市兴建大学城源于南方省作为经济大省但教育相对落后的难堪现实。

> 1994年南方省委、省政府召开全省教育工作会议,作出了《关于教育改革和发展的决定》,提出加快教育改革和发展步伐,建设教育强省:2000年以前,扫除青壮年文盲,普及九年制义务教育,大中城市和经济发达地区普及高中阶段教育,全省各类大学生占总人口的比例为1.26%;2010年,全省基本普及高中阶段教育,在学的各类大学生占总人口的比例为3.2%。要逐步形成与经济和社会发展相适应的教育规模、教育层次和教育结构,建立起以政府办学为主体的多层次、多形式、多渠道的社会共同办学体制,适应社会主义市场经济发展、结构合理、机制灵活、开放多元、具有南方省特色的教育体系,普遍提高教育质量和水平,全面提高劳动者的整体素质,实现教育现代化,使南方省成为教育强省。①

---

① 见http://www.blog.edu.cn/user4/lionhill/archives/2007/1702637.shtml。

开始于1999年的中国高校大扩招，使南方省高校招生数量急剧攀升。数据显示：南方省2000年高校招生人数比前年增加4万多人，高等学校在校生人数比前年增加7万多人。在接下来的几年时间内，高校扩招持续强势增长。

但是，这种强势增长并没有使南方省摆脱教育落后省份的名声。2002年南方省GDP等诸多经济指标都高于江苏、浙江，但高等教育却落后于这些省份。如表6所示：2002年，南方省人均GDP达到15030元，是全国平均水平（7997元/人）的1倍左右，在全国排第5位。但南方省高等教育毛入学率为15.3%，仅仅高于全国平均水平0.3个百分点，而江苏、浙江高等教育毛入学率分别达到25%和20%。2001年南方省普通高校在校生有46.9万，仅占全国719万人的6.5%；每百万人口中在校大学生人数远远低于江苏、浙江和山东；每10万人中有大学程度的人数，珠三角为3560人，长三角为4493人；教育资源严重不足，教学用地、学生生活用地、体育运动用地、绿化用地、教师宿舍用地捉襟见肘。比如原夏都市师范学院1999年骤然扩招250人，约占新生的1/4，校方不得不规定家与学校距离8公里到10公里之外的本地学生才准许在校住宿。其他一些夏都市大学被迫"远走他乡"，寻找新校区。

表6 南方省、江苏、浙江高等教育发展情况比较（2002年）

项目	南方省	江苏省	浙江省
总面积（万平方公里）	10.26	10.18	17.8
人口（万人）	7649	7381	4647
国内生产总值（GDP）（亿元）	11769.73	10636.32	7670.00
人均GDP（元）	15030	14397	16570
城乡居民储蓄（亿元）	11819.09	8234.6	4262（2001年）
财政收入（亿元）	1201.6	643.7	566.9
普通高校数（所）	71	94	68
在校生（万人）	46.78	70.02	39.31
招生数（万人）	17.61	22.29	15.25

（续表）

项目	南方省	江苏省	浙江省
研究生数（万人）	2.15	4.11	1.63
高等教育毛入学率（%）	15.3	25	20
发展目标	2005年：16% 2010年：20%	2005年：30% 2010年：40%	2005年：20% 2010年：25% 2020年：40%

在这种情况下，"跨越式发展"成为南方省走出尴尬并通向教育强省的一个路径选择。大学城可以说是适应战略思路而开展的一项大型"教育工程"。大学城的建设还将拉动消费需求，按一名大学生及其带动的最终消费需求为1.18万元/年计算，入驻20万名学生，每年可以拉动消费23.6亿元。"从这个意义上讲，小谷围不仅是一座大学城，还是夏都市乃至南方省经济一个新的增长点"。①

（二）建设准备

事实上，大学城建设很早就开始"谋划"了。2000年8月，夏都市委、市政府就提出了建设夏都大学城的建议，此举得到省教育厅的支持。

从2000年8月开始，市规划局局长施红平带领规划师开始了大学城选址工作，他们先后在夏都市各区进行调研。2000年恰逢夏都市行政区划作出重大调整，方圆区撤市建区，这为新大学城的选址提供了更广阔的空间。根据园区的用地规模和区位要求，夏都市规划局拟定了四个备选地点。经过论证，夏都市规划局向夏都市政府提出了《大学城选址方案比较报告书》，并推荐在方圆区小谷围建设大学城，其理由如下：

作为夏都大学城开发首期的是18平方公里的小谷围。该岛四面环珠江，西邻洛溪岛、北邻生物岛、东邻长洲岛，与夏都会展中心所在的琶洲岛隔江相望，具有天然的相对独立性。小谷围地貌为

---

① 《夏都市大学城财富效应浮现》，载《市场报》，2003年12月19日。

低丘陵冲积平原，岛上风景如画，文物古迹众多，是夏都市"艺术村"的所在地。唯一的不足是该岛至今没有路桥与夏都市区相连，必须通过轮渡才能到达。但也正是这一不足，成全了小谷围岛原汁原味的乡土气息，民风淳朴、生态良好、环境优美，居住人口不过一万多人，搬迁量不大。

在夏都市城市空间发展关系上，夏都大学城选址正好位于夏都市的南拓轴上和都会区中，距离夏都市中心约17公里，是4个候选方案中离夏都市区最近的选址，有利于实现良好的城市互动功能。

在夏都市产业空间发展关系上，大学城作为夏都市"信息港"的重要节点，选址于以IT产业为特色的夏都市新兴产业轴上，与生物岛、琶洲会展中心、夏都市科学城邻近，容易形成"学、研、产"一体化的创新基地。

在交通区位上，夏都大学城位于"夏都市高速公路交通（京珠高速公路、城市中部快线）、轨道交通（地铁四号线、地铁七号线'十字'相交）、普通道路交通、宽带网络信息交通"四位一体的城市交通网络体系中，大学城的多元交通需求可以得到最大程度的满足。

在文化区位上，在外围，夏都大学城既有以黄埔军校为代表的近代史迹文化，又有以余荫山房和宝墨园为代表的岭南园林文化，还有以琶洲国际会展中心和夏都市生物岛为标志的现代文化；大学城内部，将保留小谷围源远流长的历史文化，如此内外结合形成浓郁的文化氛围。

在夏都市旅游网络体系中，夏都大学城正好处在"三线一中心"的东南水乡旅游线上，校园文化与旅游的结合将使夏都大学城成为夏都市旅游的一个新亮点。①

2000年10月18日，省教育厅、市规划局有关领导和夏都市地区十

---

① 见http：//club.dayoo.com/read.dy？b = cantonese&t = 233270&i = 233270。

所高校的领导前往四个候选校址现场勘察,并座谈选址意见,其中以小谷围最受各高校青睐。其后,经过国内外著名专家、学者及其有关部门的反复比较、科学论证,2001年3月2日,夏都市委常委会讨论决定,将新岛镇小谷围及其南岸地区作为夏都大学城的选址。随后,规划局开展了大学城发展规划国内咨询工作,邀请国内五家著名的规划设计单位,参加编制大学城发展规划。在此基础上,市规划局城市规划编制研究中心对五个咨询方案进行了整合,完成了《夏都大学城发展规划》。

2001年12月24日,《夏都大学城发展规划》获省长会议通过,夏都市政府正式公布实施。

2002年1月9日,夏都市规划局公布了《夏都大学城发展规划》。按照规划,夏都大学城将建在小谷围及其南岸地区,规划范围约43.3平方公里,"人口规模为35万—40万人,其中,学生人口18万—20万人,教师人口约1.5万—2万人,员工人口约3万—5万人,高科技产业从业人口2万—3万人左右,村镇人口5万人,不可预测人口3万—5万人。建成后将是全国最大的大学城。"①

2002年2月27日,夏都大学城领导小组全体成员第一次工作会议在省政府举行,明确省市共建大学城,大学城建设开始进入实际操作。

2002年6月10日,夏都大学城征地拆迁工作动员大会召开,夏都大学城建设正式动工。

2002年8月开始,市规划局组织开展了大学城规划设计的招标工作;9月23日至10月13日,市规划局和夏都市城市规划编制研究中心组织了夏都大学城(小谷围地区)道路交通及市政工程综合规划的招标活动;10月29日,市规划局和城市规划编制研究中心组织了"夏都大学城(小谷围地区)道路交通及市政工程综合规划"设计单位的评标会。

2003年1月15日和2月27日,市规划局分别组织了夏都大学城中心区城市设计国际咨询、夏都大学城(小谷围)整体城市设计和校区

---

① 见http://www.upo.com.cn/UPOWeb2003dotNet/Inf.001.Content.aspx?Idx=792。

第三章 "终结"的开始：突飞猛进的征地运动与村庄的分化

组团详细设计竞赛。

在大学城规划设计的同时，土地的报批报建程序也在同时展开。

"2003年1月9号，经省人民政府同意，省国土资源厅以南方省国土资（规保）函（2003）11号文批复同意夏都市上报的土地利用总体规划（局部调整方案）。"同日，"南方省国土资源厅以《关于夏都市申请基本农田易地保护的批复》［南方省国土资（规保）函（2003）14号］同意夏都市包括新岛镇小谷围在内的基本农田保护区88911亩由省里统一安排进行易地保护。大学城建设不再涉及占用基本农田保护区。"

我们找到了大学城建设用地的两个预审意见：

项目名称：关于夏都市大学城建设项目拆迁复建安置用地的预审意见①
申报单位：夏都市国土资源和房屋管理局
批准时间：2002-6-28
批准文号：南方省国土资（预）函（2002）44号

项目名称：关于南方省夏都市大学城项目用地预审意见②
申报单位：夏都市国土资源和房屋管理局
批准时间：2003-1-23
批准文号：南方省国土资（预）函（2003）7号

我们发现，土地的报建是由夏都市上报南方省并得到批准的，初期并没有经过国务院审批。同年《夏都晚报》的一则报导进一步确认了这一事实："整个小谷围分成39个地块办理征地手续，省、市国土部门特事特办，预计可在本月20日以前完成手续。"③国务院对此举进行了

---

① 见http://www.gdlr.gov.cn/commonquery/view.jsp?id=133&typeName=建设用地预审。
② 见http://www.gdlr.gov.cn/commonquery/view.jsp?id=178&typeName=建设用地预审。
③《各路挺进大学城 小谷围热气腾腾大规划》，载《夏都晚报》，2003年3月27日。

一定程度的否定。同年，南方省政府办公厅"南方省府办（2003）76号"《印发国务院督查组关于南方省治理整顿土地市场秩序督查情况意见的通知》中指出：省政府已主动纠正了违规审批夏都市大学城用地的做法，撤销了有关征地批文，并要求举一反三，吸取教训，依法重新报请国务院审批。①

此外，对于基本农田的易地保护问题，2004年南方省发布《关于废止南方省基本农田易地保护管理规定（试行）》的通知：

> 关于废止《南方省基本农田易地保护管理规定（试行）》的通知
>
> 各地级以上市（规划）国土资源（房管）局：
> 　　根据《国务院办公厅关于深入开展土地市场治理整顿严格土地管理的紧急通知》[国办发明电（2004）20号]关于"不得进行跨市、县的基本农田易地代保，对已发生的要坚决纠正"的精神，我厅决定从即日起废止《南方省基本农田易地保护管理规定（试行）》[南方省国土资（规保）字（2002）147号]。
>
> 2004年5月26日

这表明，省国土资源厅批复的夏都市申请基本农田易地保护也是必须给予纠正的。但是，这些通知并没有能够阻挡大学城建设挺进的步伐。2003年1月21日，南方省省委书记视察夏都市大学城规划和建设前期准备工作时，针对南方省高等教育发展和高层次人才需求的实际，提出了"建设全国一流夏都大学城"（一流的规划、一流的设计、一流的建设和一流的质量）和"2004年9月开学招生"的目标，为夏都大学城建设指出了方向，夏都大学城建设全面启动。②

2003年1月22日，夏都市市委、市政府成立了以市委、市政府主

---

① 见http://search.gd.gov.cn/detail?record=1&primarykeyvalue=file_no%3D E7%B2%A4%E5%BA%9C%E5%8A%9E%E3%80%942003%E3%80%9576%E5%8F%B7&channelid=14306。

② 见http://www.1010uu.com/article/2006/0902/8432.html。

要领导为正副总指挥的夏都大学城建设指挥部，紧接着成立了指挥部办公室，作为指挥部的日常办事机构，具体负责大学城建设组织工作，夏都大学城建设工作随即启动。①

2003年4—5月，大学城各组团规划设计完成之后，市规划局组织编制了五个组团的修建性详细规划，并通过了评审。2003年7月，市规划局自动化中心根据大学城详规审批要求，开发出"大学城规划电子报批系统"。同时利用大学城重点案件追踪功能，为大学城规划审批提速提供了有力的技术支持。

2004年2月24日起，市规划局在琶洲会展中心向市民公示大学城最新规划，包括：中心公园、组团公园、湿地公园、道路绿化以及博物馆、医院的竞赛方案。

2004年5月底，市政道路路面施工完成；6月底，十个校区一期建筑装修和机电安装及公共绿化施工完成；7月底，完成煤气、有线电视、电讯等系统的施工；大学城十个校区的第一期工程230万平方米共139幢的房屋建筑及岛内道路市政工程7月正式交付使用，同时，大学城第二期工程经过紧张的筹划，也在7月6日响槌。②

2004年9月初，夏都大学城正式开城，迎来首批近4万名学生。同年11月12号，在大学城S大学图书馆广场，举行了大学城开城晚会——"青春起飞"，多位省市领导出席了晚会。

（三）大学城建设规划

夏都大学城用地分区图显示，大学城由内至外分为三层：内层属一类用地，由省政府财政包揽，打造公共服务体系；中层属二类用地，由大学城资产营运公司统筹，通过招标方式完成公共服务机构和后勤服务体系建设；外圈为三类用地，用于教学设施建设，由入驻的十所高校逐块分割，建设资金主要依靠银行信贷。具体而言，小谷围的外围建设主要由夏都市政府拨款，从小岛西侧修建60多公里引桥，连接华南快速

---

① 见http://www.dzwww.com/xinwen/xinwenzhuanti/kgd/tsgd/200612/t20061219_1925276.htm。
② 见http://www.gz.gov.cn/vfs/content/content2.jsp?contentId=150827&catId=4136。

干线的桥梁和京珠高速公路，地铁二号线延长线则从河底渡入岛内，总投入不下百亿；岛内"七通一平"由南方省财政拨款，计46亿元；财政每年还拟拿出6亿元贷款贴息，吸引120亿元银行贷款，用于十所进驻高校的校园建设。① 巨大的潜在利润使得大学城建设似"箭在弦上"，随之而来的便是浩浩荡荡的征地拆迁。

（四）征地拆迁

在最初规划以及最后选定小谷围这个过程中，始终是政府"一马当先"、"一手包办"，大学城建设的最重要事件就是"征地拆迁"。

在省、市政府的策划之下，大学城建设从2002年6月10日开始召开征地拆迁大会之后，夏都市国土资源和房屋管理办公室于2003年3月24日下发《关于委托方圆区国土资源和房屋管理局组织实施夏都市大学城征地拆迁工作的函》。两天之后，即3月26日，方圆区国土资源和房屋管理局向新岛镇、南村镇政府下发了《夏都市方圆区夏都大学城项目征地拆迁补偿安置办法》。3月28日，上述文件及其补充规定下达至贝村、南村等六个行政村。其后，夏都大学城征地拆迁工作指挥部办公室于2003年4月30日印发《夏都大学城小谷围岛征地拆迁补偿安置问答》，论证了大学城建设用地、征地及征地补偿标准的合法性和合理性。

征地开始。

村庄走向终结。

二、村庄与村庄外的利益冲突

以农为生的人，世代定居是常态，迁移是变态。② 无论农业社会还是现代社会，正如达伦多夫所言，都具有两副面孔，一副是一致，一副则是冲突，它的现代化孕育着稳定，但走向现代化的过程蕴含着动荡。在以大学城建设为契机的强制性城市化进程中，利益冲突是多元的、不

---

① 《夏都大学城"特事特办"：120亿银行贷款谁买单?》，载《21世纪经济报道》，2003年5月19日，第17版。

② 费孝通：《乡土中国》，人民出版社2010年版，第3页。

同层次的：贝村和政府是两大利益对立体，冲突主要集中在强制搬迁与搬迁补偿问题上；贝村村干部与村庄外的利益冲突则主要集中在大学城建设过程中的利益分配上；贝村村民与村庄外部的利益冲突主要体现在抵抗基层执法者的暴力拆迁、上访未果等问题上，其中村民既包括贝村本地居民，还包括小谷围艺术村的特殊村民。

(一) 村庄与政府

在贝村整个变迁过程中，征地拆迁可以说是一条主线，串起了整个变迁的故事情节。

贝村征地拆迁是从 2003 年 3 月开始的。村庄原有土地 4000 多亩，居住着 900 多户 2534 人。大学城建设全征贝村土地面积 4328.8 亩，除征旱地面积 93.25 亩、建设用地（地盘面积）426.9345 亩，实际征地面积 3808.62 亩。政府保留 805.133 亩地作为村民的预留经济发展用地[①]。按照政府规定，征地拆迁之后，村庄可以获得政府划定的 15% 的预留地作为村庄经济发展之用，当然，对于这 15% 共计 805.133 亩的预留地，政府一直停留在口头许诺上。从大学城征地（2003 年 3、4 月）至今（2007 年 1 月）三年多时间里，村民只能从 805.133 亩预留地中获得每人约 400 元/年的利息。村民对此多有不满，村民认为，如果政府将预留地给贝村，村民每年的个人收益远远不止这个数。有一位村民给我们算了这样一笔账：

> 假如将 805.133 亩预留地（约 537023.7116 平方米）以每平方米 1 元/月的价格出租，那么，一年下来收入将有 6444284.532 元，平均到村民身上，每个人每年至少可有约 2543.13 元分红。何况每平方米的地远远不止 1 元的租金。
>
> 同样，我们在理想状态下，即假设村庄 805 亩土地完全出租，那么，将三年村民预期可获得收入作一下估计，对比村民实际获得

---

① 预留经济发展用地是指政府全征某村的土地后，在本村范围内预留给村用于发展经济使用的土地。

的收入，我们可以发现，在三年时间内，每个村民至少损失的金额为：（2543.13－400）元×3＝6429.38元。

这是征地拆迁带来的间接经济损失，还有一个直接经济损失体现在征地拆迁补偿上。据官方数字显示，小谷围的拆迁面积为17.9平方公里，拆迁涉及1.4万人。就补偿标准来看，村民所获补偿款项的计算都是按照征用耕地补偿标准的最高限额取值。按照补偿办法，每户拆迁补偿10.92万元，按时搬迁拆房奖励10.08万元，人头奖励6.66万元，加起来每户可得的拆迁补偿款约为27.66万元。另外，每征用一亩地，补偿7万元。总的来说，在官方的数字估计中，平均每户大概能够拿到20多万元，每人7万元左右。所有这些征地补偿款均以货币补偿的方式支付。①

大学城建设初期，46亿元的征地拆迁费用已经全部进入了方圆区财政局的账户，拆迁费用随时可以支付。区委、区政府及新岛镇镇委、镇政府共同作出了"不在大学城征地补偿款中赚一分钱"②的庄严承诺，保证补偿款全部用于征地拆迁，让村民得到合理补偿。但按照国家和南方省的有关规定，征地款是按一定比例发放的，不能全部发到村民手中，要将一部分资金作为集体发展资金预留下来。所以，村民能够拿到的金钱数额就缩水了。

我们来计算一下村民每个人实际能够拿到的补偿。

首先我们看一下生产队的情况。表7为各个生产队包产面积与所占荒地面积③。根据政府文件，我们有以下计算公式：

---

① 夏都市方圆区夏都市大学城征地拆迁工作指挥部办公室：《夏都大学城小谷围征地拆迁补偿安置问答》，2003年4月30日。

② 见 http://www.southcn.com/news/gdnews/nanyuedadi/200304050791.htm。

③ 除去2000年征用面积，现有包产面积1744.03亩，还有2064.59亩属荒岗山河涌渠等荒地面积，归全村集体所有，按全村人口2534均分到每人，人均占荒地面积8.1475分，生产队所占荒地面积即为人均占荒地面积×生产队人数。数据参见张玲芳、黄清泉、李旋、吴振声、邵敏锋、梅方飞等调查并写作的《大学城村落变迁专题调研之贝村篇》。以下部分征地补偿数据也来自此报告。

生产队青苗补偿费 =（包产面积 + 所占荒地面积）× 每亩青苗费
生产队安置补偿费 =（包产面积 + 所占荒地面积）× 每亩安置费

表7 各生产队包产面积与所占荒地面积

队名	人数	包产面积（亩）	所占荒地面积（亩）	合计面积（亩）
东风队	263	199.47	214.28	413.75
前进队	228	202.74	185.76	388.50
红星队	239	108.50	194.73	303.23
红旗队	194	120.40	158.06	278.46
青云队	177	124.19	144.21	268.40
文明队	201	110.78	163.76	274.54
光明队	290	156.28	236.28	392.56
先锋队①	97	0	79.03	79.03
南一队	233	112.11	189.84	301.95
南二队	251	249.56	204.50	454.06
大一队	189	194.70	154	348.70
大二队	172	165.30	140.14	305.44
合计		1744.03	2064.59	3808.62

注：此表及本章余下各表数据均来自贝村原始记录档案、图表，个别数据可能计算有误。

---

① 2000年，政府曾进行一次征地，征用了先锋队的包产土地。

由以上公式计算，可得表8：

表8 各生产队分配征收款数

队别	人数（个）	各队包产面积款		村统分到各队的荒岗、河涌、护渠地面积款		补回未买社保差额费（万元）	合计款（万元）	人均（万元）
		青苗费（3000元/亩）	安置费（25974.24元/亩）	青苗费（3000元/亩）	安置费（243112元/亩）			
东风队	263	59.8410	518.1082	64.2840	520.9578	308.1458	1471.3368	5.5944
前进队	228	60.8220	526.6017	55.7291	451.6288	250.8633	1345.6449	5.9019
红星队	239	32.5500	281.8205	58.4178	473.4179	281.0453	1127.2515	4.7165
红旗队	194	36.1200	312.7299	47.4186	384.2806	217.0635	997.6126	5.1423
青云队	177	37.2570	322.5741	43.2634	350.6066	214.1451	967.8462	5.4680
文明队	201	33.2340	287.7426	49.1296	398.1464	233.8693	1002.1219	4.9856
光明队	290	46.8840	405.9254	70.8835	574.4401	310.1001	1408.2331	4.8559
先锋队	97	0	0	23.7092	192.1403	116.5315	332.3811	3.4266
南一队	233	33.6330	291.1972	56.9513	461.5329	273.8869	1117.2013	4.7948
南二队	251	74.8680	648.2131	61.3509	497.1878	304.3437	1585.9635	6.3185
大一队	189	58.4100	505.7185	46.1965	374.3765	219.8976	1204.5991	6.3735
大二队	172	49.5900	429.3542	42.0413	340.7024	210.0594	1071.7473	6.2310
合计		523.209	4529.9854	619.3753	5019.4181	2939.9515	13631.9393	5.3796

以上计算出来的是人均应拿数额。下面我们看一下实际到手补偿数额。表9为各生产队包产面积补偿额分配情况。

第三章 "终结"的开始：突飞猛进的征地运动与村庄的分化

表9 各生产队被征用土地面积及实际下放征地补偿款

队名	人数	青苗款		安置款	
		每人占数（元）	青苗款（万元）	每人占数（元）	安置费（万元）
东风队	263	2340	60.7230	20264	525.8508
前进队	228	2838	62.4360	24610	541.5960
红星队	239	1362	33.2328	11522	281.1368
红旗队	194	1811	36.1200	15675	312.7298
青云队	177	2129	37.1515	18433	321.6554
文明队	201			14756	287.7426
光明队	290				
先锋队	97			8741	83.9316
南一队	233	1425	33.6300	12338	291.1768
南二队	251	3482	74.8630	26033	648.2217
大一队	189	3190	58.0580	27190	504.3745
大二队	172	1869	29.9040	24535	429.3625
大二默田	9.335	3000	2.8005		
合计			428.9188		41433.8469

表10 所占荒地补偿数额实际到手情况

队名	人数	青苗款		安置款	
		每人占数（元）	青苗款（万元）	每人占数（元）	安置费（万元）
东风队	263	2444	63.4218	19851	515.1335
前进队	228			19808	435.7760

(续表)

队名	人数	青苗款 每人占数（元）	青苗款（万元）	安置款 每人占数（元）	安置费（万元）
红星队	239			19808	475.3920
红旗队	194			19808	378.3328
青云队	177			18746	327.1177
文明队	201			20113	392.2039
光明队	290				
先锋队	97			8741	83.9316
南一队	233			19808	467.4688
南二队	251			19887	499.1637
大一队	189			19920	372.5040
大二队	172			19808	346.6400
合计			63.4218		4293.6460

因此，各个生产队队员实际到手数额计算公式为：

生产队队员实际到手数额 = 包产面积 ×（每亩青苗费 + 每亩安置费）+ 所占荒地面积 ×（每亩青苗费 + 每亩安置费）

故有表11：

表 11 村队合计①分配征地款项

队名	分配款			
	每个队员实分（元）	合共款②（万元）	社医保补差额（万元）	各小队共分款（万元）
东风队	44899	1165.1291	306.3301	1471.4592
前进队	47264	1039.8080	250.8633	1290.6713
红星队	32692	789.7616	278.3961	1068.1577
红旗队	37294	727.1826	217.0635	944.2461
青云队	39308	685.9246	214.1451	900.0697
文明队	34869	679.9465	233.8693	913.8518
光明队				
先锋队	8741	83.9136	116.5315	200.4451
南一队	33571	792.2756	272.0712	1064.3468
南二队	49402	1222.2484	302.2780	1524.5264
大一队	50300	934.9365	218.9808	1153.9173
大二队	46212	805.9065	208.2437	1016.9507
大二默田		28005		加在上面
合计		8929.8335	2618.7726	11548.6061

下面我们看一下村庄获得的补偿款以及其流向。

---

① 土地是集体所有，先前村里分了土地，所以一部分分配到了生产队，有一些是村集体所有。
② 指该生产队分到的总款项，例如1165.1291万元是由上面表9和表10的东风队的包产面积和荒地的青苗款和安置费相加。

表 12　村集体资产被拆迁所获得的补偿款及其流向

集体资产事项	细目①	合计
贝村村委会拆迁	建筑面积有证 167.12 方，每方 580 元，计款 96929.60 元 角铁瓦棚 17.68 方，每方 70 元，计款 1237.60 元 砖砌排水沟 15 方，每方 30 元，计款 450 元 阁楼 3.1 方，每方 280 元，计款 868 元 飘板 12.15 方，每方 120 元，计款 1458 元 单偶内批外洗围墙 42.04 方，每方 59 元，计款 2480.36 元 双偶内批外洗围墙 22.26 方，每方 85 元，计款 1892.10 元 门顶包过梁 4.8 方，每方 120 元，计款 576 元 水井一个，计款 2500 元 折屋搬适迁费，计款 3000 元	111391.66 元
步头基油厂	建筑面积有证 295.12 方，每方 480 元，计款 141657.60 元 建筑面积无证 13 方，每方 400 元，计款 5200 元 单偶墙围坪 80.57 方，每方 28 元，计款 2255.96 元 储水池（室内）1.02 方，每方 380 元，计款 387.6 元 水井一个，计款 2500 元	152000 元
贝村市场	建筑面积无证建筑物 1272.62 方，每方 250 元，17.85 方，每方 630 元，共 329400.5 元 铁杆铁架星瓦棚 228.20 方，每方 140 元，计款 31948 元 砖坪星瓦棚 202.1 方，每方 180 元，计款 36379.80 元 木架沥青棚 85.6 方，每方 70 元，计款 5992.00 元 铁皮飘板 156.39 方，每方 120 元，计款 18766.80 元	422486 元
贝村幼儿园	建筑面积 335.79 方，每方 630 元，计款 21.1547 元 不锈钢水塔 5 个，每个 760 元，计款 3800 元 飘板 76.3 方，每方 120 元，计款 9156 元 18 村砖砌内批外洗圆坪 113.28 方，每方 78 元，计款 8835.84 元 储水池 1.23 方，每方 380 元，计款 657 元 水井两个，计款 5000 元 花槽 37.77 方，每方 35 元，计款 1322 元	240318 元
贝村大水闸机房	14.35 方，每方 530 元	7605.50 元
贝村小学		812758 元
村委口塘桥亭	未结算补偿	
合计		1733800 元

---

① 文字部分直接来自村有关记录。

表 13　贝村土地被征用的收入及其支出流向　　　　　（单位：元）

收入项目	征用面积	收入数额	支出项目	支出数额
土地补偿		166922278.02	1. 购发展用地	54143954.76
安置补偿	4271.55 亩	107518411.91	2. 购社保①	17324753.2
青苗补助		12814650.00	3. 平衡社保②	29399515
其中建设用地	462.9345 亩		4. 村民分配	103939641
利息		1660000	5. 地盘分配	28306357.70
与贝村争议地		1959110.87	6. 投资	40000000
合计		290874450.80	7. 核查地盘费用	42505.60
			合计	273156727.26
			余额	14098612.67
			收支合计	17717723.54

我们可以看到，政府在征地拆迁以及补偿标准的确认过程中基本上是"一手包办"，但是不得不承认，政府在一定程度上考虑了村民的利益。譬如征地标准方面，据了解，夏都大学城项目征地补偿标准明显高于过去方圆区其他地区同类征地补偿，是方圆区目前为止同类征地补偿中金额最高的。③ 而根据规定，拆迁户如能在征地公告规定的日期内迁出岛外安置，每人可享受安置补贴奖励两万元，同时还可按被拆房屋房产证面积享受有证待遇的房屋面积，享受每平方米 600 元的购房补贴。④ 为保障被征地农民的长期生活，政府将补贴部分资金为其购买养老保险和医疗保险，被征地农民年满 16 周岁的都将纳入社会保险的保障范围，同时还建立最低保障线，农民可享受与城市居民一样的社会保障。⑤

尽管政策制定和实施过程中都一定程度地考虑到了村民利益，但

---

① 缴交 1917 人购买社会养老保险基金以及缴交 369 人退休老人医疗保险金。
② 发给村民未购社保部分年数补差额款。
③ 见 http://www.southcn.com/news/gdnews/nanyuedadi/200304050791.htm。
④ 《夏都大学城项目对新岛镇小谷围农村奖励拆房搬迁安置的补充规定》。
⑤ 见 http://www.gdcic.net/gczj/InfoShow.asp?InfoID=22775。

是，这一过程始终是强制性的。在此过程中，由于政策过程的非透明化、非公开化，逐渐演化出了村庄冲突。村庄与政府的冲突主要集中在强制搬迁与搬迁补偿问题上。尽管官方资料显示 46 亿的征地补偿全部到位，但是，事实上村民所拿到的补偿款却大大缩水。

具体差别我们可根据上述材料进行计算。首先计算官方文本中的补偿数字（以下计算使用的多为约数，因此数字可能会有些许出入，但并不会与实际情况产生较大偏离），见表 14、表 15：

表 14　以官方补偿标准计算的村民应得补偿额

收入项目	数量与单位	补偿金额	人均	备注
征收土地	4271.55 亩			土地补偿费 + 安置补助费 + 青苗费约等于 7 万元/亩。而在大学城征地之前贝村卖给商家的土地是 18 万/亩
土地补偿费	4329.04 元/亩	1849.171 万元		
安置补助费	64700 元/亩	27636.9285 万元		
青苗和附着物补助费	3000 元/亩	1281.465 万元		
补偿总计	2534（村总人数）	30767.5745 万元	12149 元	

表 15　补偿款的各项实际支出

支出项目	金额	备注
村干部挪用	4000 万元	即 4000 万事件
购买预留地	54143954.76 元	因土地被政府征用，所以村里需重新从政府那里"买回"预留地（面积为村原有土地的 15%，用于村的发展），因而，补偿款的 54143954.76 元用于 15% 预留地购买，但政府一直没将土地还给贝村，只是每年支付该款项的银行利息给贝村。土地可以用于各种方式的投资（譬如开发、商用等），在所有可能获得收益的投资方式中，按照银行利息事实上是收益最少的。换言之，如果村里自己拿到了土地，自己用于开发，其获益一般而言会远大于政府所提供的银行利息
剩余资金	213531790.24 元	

（续表）

支出项目	金额	备注
购买社保	17324753.2元	人均18438.937元
平衡社保	29399515元	
地盘分配	28306357.7元	
核查地盘费用	42505.6元	
村民实际应拿补偿	138458658.74万元	此项目未扣除社保和平衡社保
人均应拿补偿（未扣社保）	54640元	对比村民分配103939641元，人均41018元

从以上计算我们可以发现，村民实际应拿补偿与村民分配的差额即是政策规定的必须予以截留的补偿款，合计3451.901774元。因此，扣除一系列社保费用等后，村民实际拿到的人均补偿是41018元。

在以上基础上，我们可以计算村民拿到的补偿金额的最大值和最小值。

征地之后，补偿费用一部分被用于社保。政府文件规定："社保经费分摊按村集体负责60%，区政府负责40%的比例分摊，其中村集体负责部分由征地款解决。"① 按照政府文件规定，养老保险个人缴费数额从49元（1个月）至8820元（15年）不等。医疗保险数额为9424元。也就是说，村民社保部分缴费在9473元至18244元。结合人均补偿数额，我们可以得出村民实际拿到的补偿费的范围：36396元至45167元。如果我们再加入按时拆迁并搬到岛外的奖励20000元，人均补偿最高在65167元，这和我们的调查是大致吻合的。据贝村村长所

---

① 夏都市方圆区劳动和社会保障局：《新岛镇小谷围全征土地人员社会保险试行办法》，2003年4月7日。

说，有的生产队相对比较高一点，有 7 万元左右。也就是说，不到 10 万元的补偿，这些世世代代黏在土地上的农民就必须永远地丧失他们的土地。可以看出，贝村与李培林笔下的羊城村有很大不同，村落终结的过程中，如果说羊城村的村民是在土地的丧失与财富、富足中痛并快乐着，那么，贝村村民的痛苦与快乐相比较，快乐似乎可以忽略。

更重要的是，我们可以由此计算出大学城征地补偿的总费用将在 10 亿元之内（按照人均最终获得的数额 × 小谷围外迁 14000 人）。政府所说的征地补偿等一系列费用款项总额 46 亿元在经过社保扣除以及截留之后，到达村民手中的远远低于最初承诺的数字。在调查的过程中，贝村的村长对我们说了这样一句话："现在政府就是无法和村民解释清楚当时 46 亿是怎么算出来的。"

反观政府的政策设计与该问题形成的关系。事实上，政府的政策制定容易走入一个误区：只关注在政策内容上对于村民的利益倾斜，却没有一个公开、透明、公正的政策过程让村民参与其中。政府往往认为：只要村民获利了，那么政策就不会有问题。但事实并非如此。在一个封闭的、非开放的政策过程中，政府往往将自己"感知"到的村民利益当作村民自我认同的利益。一个单纯的"输入"（input）与"输出"（output）以及黑箱操作过程的政策文本的出现，使大学城征地政策深深地陷入了伊斯顿政治系统论的误区。

此外，从征地开始、进行直到结束，这期间政府出台了一系列政策文件，包括市区镇等发布的征地补偿标准及补充说明等。很明显，政策文本的出台间隔相当短暂；更有甚者，在政策执行的过程中，几乎没有将相关的村民群体容纳进执行系统的利益考虑之中。政府自身更是言而无信。有村民称："大学城规划的时候曾说'房不上山，树不能砍'，如今小山丘推平了，树更不知砍了多少，岛上生态、气候都给破坏了，这可是夏都市的'肺'呀！这是政府良心的缺失啊！"

（二）村干部与政府

在现有制度文本中，村委会的法律地位是村民的自治组织，而在国家强大的行政力量干预下，它具有"双层代理人"① 的身份：一是代表国家向村民传递国家意志，一是代表村民向国家表达意见。村委会既是国家基层政权的一条腿，又是村民自治组织的一条腿，这两条腿一旦处于不平衡的状态，整个村庄治理便会陷入困境，而协调的任务则由村干部执行，即充当自上而下传达命令和自下而上传达意见的协调角色。这种角色使得村干部的处境十分尴尬，由于面临互相矛盾的权威来源和角色期望，村干部不得不时而摇摆于"双重角色"之间。② 既满足上级要求又满足村民需求总是不那么容易，现实情况往往是牺牲一方的部分利益而满足另一方要求。两种极端的状况是，要么出于地方保护主义而扭曲执行上级政策，要么虚假对待村民以迎合上级要求。

《村民委员会组织法》规定村民委员会是"基层群众性自治组织"，是具有管理和服务职能的农村基层组织，但并没有任何法律依据表明村民委员会（村集体）是被征地方的代理人。而事实上，村集体与征地方即政府签订协议，领取补偿费用，扮演了被征地方代理人的角色。因此，农民与村集体构成委托代理关系，具有隐性契约的典型特征。③ 正如霍布斯所言，不受强制力保障的契约仅仅拥有一种"语词的力量"，如果没有一个强大的公共权力，契约就是一纸空文。④ 在强政府弱社会的力量呈现显著非均衡态势的互动中，"自治和民主化规则下产生的村干部就在实际的村政运行中变异为政府行政化的腿脚，成为一个主要听任政府差遣的职役者"⑤，村民与村集体之间的契约正是如此。由于缺乏履约的监控机制和违约的惩罚机制，村民与村集体之间的隐性契约极易因为村集体的强势和村民的弱势而面临破裂，这在贝村征地补偿中体现得尤为明显，

---

① 何艳玲：《都市街区中的国家与社会：乐街调查》，社会科学文献出版社2007年版，第113页。
② 江卉：《政府与农民利益冲突中的村干部角色》，厦门大学硕士论文，2006年，第7—11页。
③ 李菁、刘玉琴：《中国征地中的双重委托代理问题》，载《中国土地科学》，2009年第10期，第53页。
④ 王绍光：《分权的底限》，中国计划出版社1997年版，第112—114页。
⑤ 赵秀玲：《中国乡里制度》，社会科学文献出版社1998年版。

村干部奋力争取的或许只是公共利益掩护下的一己私利。

因此，在贝村被强制性城市化过程中，相比于村民与政府在强制拆迁和征地补偿额上的利益冲突，村干部与政府的利益冲突更集中于二者的利益分配上，一旦利益分配不被任何一方认可，利益冲突便会产生。从大学城建设前征地、征地后的补偿款分配、大学城建成后的预留地争议上，我们都可以闻到村委与政府利益争夺的火药味，而实践中的利益合谋则是冲突妥协的结果。

在调查中，一位村民告诉我们，"如果没有村干部的签名，政府是不可能征地的。基本上每个干部征地之后都有别墅一栋，这就是征地之后他们获得的回报。在2003年的征地过程中，村委曾召开村民大会，但是大会基本上没有任何实际作用。本来征地是需要全体村民至少是户代表签名的，但是在村干部自己以及其发动的亲戚签了名之后，征地也就开始了。"

村庄集体土地被征用之后，补偿款中的4000多万被挪用，即令人震惊的"4000万事件"。村民每个人因此少了差不多两万元，很多人对这4000多万被挪用是很有意见的："我估计当时那4000多万都没有到村的账户里面，镇政府肯定也有插了一脚在里面，不然上一届村委没有那么容易就拿到钱，而且镇政府到现在还不准我们查旧账。"

上述两个例子无不显示了村干部与政府之间的利益博弈，带有某种"有福同享"的意味，恐怕也唯有这样才能最低成本地完成征地。可说到"有难同当"，又不是那么回事，利益冲突便出现了。比如大学城建成后，预留地是贝村经济的一大发展平台，村委也一直和上级要求拿到预留地，但是街道办和新岛镇政府出于自身利益的考虑，再加上村委打破了潜在的游戏规则（村委私吞4000万补偿款而败露），于是也就有理由迟迟不落实15%的预留地。这是村干部与政府最直接的利益冲突，其间冲突原因是非常复杂的。

（三）村民与政府

村民与政府的冲突是最直接、最具体的。作为原子化的个体，村民的力量微弱而无法抵挡强制拆迁，基层执法者的暴力执法恶化了政府行为的合法性与合理性；作为有行动策略的团体，村民的力量又是不可忽视的，尽管多次上访未果，但却捍卫了自己应有的尊严和权利。与政府抗争的村民有两股力量值得重视：贝村村民和小谷围艺术村"村民"，但他们都无法阻止拆迁大行动。

1. 贝村村民的反抗

在贝村村民记忆中，2003年1月他们就已经被通知需要征收土地。同年6月15日，开始征收田地。7月，推土机开进小谷围，拆迁开始；据村民说，9月到10月份是拆迁最疯狂的日子，上万的工人、几百辆推土机进行拆迁，此外，还包括维护拆迁秩序的大批警察、狼狗。从此，贝村的大部分人将陆陆续续地离开这片他们生长的土地，而这种离去是无奈的。在这场"突如其来"的变故中，抗议是无效的，反对是无用的。

在我们所了解的情况中，有村民对大学城这一工程表示了理解：

> 政府建设大学城，这是一个民心工程，尽管我们的土地要被征去，我们也要离开这有深厚感情的地方，但我们依然是理解和支持的。发展教育，我们虽然是普通公民但也有职责。不过这应该也有一个前提，那就是一定要能保障我们将来的生活啊。我们不埋怨政府补偿得少，我们埋怨的是政府在落实政策方面可能存在失责。政府没有建立完善的反映机制，他们也听不到我们村民的意见，补偿的工作主要由基层的官员完成，在没有很好的监督机制实行的情况下，挪用款项的事情难免会出现，但这却严重损害了我们村民的利益。

但是不理解的村民占了大多数。除了贝村，大学城建设所涉及的六个行政村，都曾经出现大大小小的反对强拆强征的活动，具体可见图9、图10[①]

[①] 到我们调查为止，其中一个村仍有200多村民居住在村庄的一个破旧祠堂里。日常生活乃至于村庄的婚丧嫁娶都在那里进行，一个窝棚区业已形成。

图9　村民对抗拆迁

图10　城管维持拆迁秩序

以下这些村民的表述,可以作为强制性拆迁的一些佐证:

当时政府要速战速决，每天有一片被拆，比坐飞机还快……

当时（征地拆迁期间），基本上每个生产队长家里的电话都被监控了，有一次，我们几个生产队长在一起聊天，之后打了一个电话出去"爆料"（强制拆迁），第一个电话打通了，第二个电话想再打就打不出去了，几天后，我们收到方圆区公安系统的传票。

方圆区政府手段很多的，有的人在市桥工作的，先发动你回来，动员你的家人搬迁，不搬的话，就冻结你工资，甚至让你丢了工作。

如果待在屋子里面不走的话，就将你的东西搬走，丢在外面，然后将你强抓出来。

2004年10月24日镇政府下文件说全部都要强制性地来，那些队委不同意，就强制他们按手印，那天下午五点左右四条村的村民都集中在村委外面，要求放他们出来，把按手指印的文件撕毁，直到第二天的早上，才搞定事情！

地方政府动用大量的警力恐吓，还动用警犬封锁施工现场，展开对小谷围万余农民声势浩大的征地及强拆行动。对于不配合拆迁的人采用株连式的打击报复，有的外出工作的村民被停工、开除，有的调离远处工作，还警告说为了你的前途不准回家。招工的不同意拆迁没有份，迫使村民签订不平等的拆迁协议以达到逼迁目的。村里强拆前断水、断电、断电话、断电视线路，严重威胁村民的生命财产安全，有的村民房屋门窗被打烂、财物被窃，使村民处于极度的精神惶恐之中……

强征强拆引来了村民的上访。征地拆迁期间，小谷围每一个村都组织了信访活动。2006年方圆区下达了一个文件，规定凡参与上访者，观察三年之后才有资格入党。

在调查过程中，我们接触了部分当年的上访人员，其中有部分是现在的村干部。邵岳是其中之一，他主管民政方面的事务，包括信访。我们在村民口中得知他也是当年上访的积极分子之一。他苦笑着对我们说:"我2004年去过北京,到今年递交了入党申请书,上面有一个规定下来,我最快也要等明年才能入党。"据邵岳描述,由始至终整个信访过程都是村民自发组织的。早在2003年征地开始的时候,贝村村民大多数认为征地赔偿不合理,加上小谷围各村农民普遍对征地的事情表示不满,各村就有了联合上访的意图。在贝村,超过一半的生产队长都支持这个想法,于是以生产队长为主要参与者(邵村委认为他们是代表村民意见的),开始了小谷围农民从夏都市到北京逐步"升级"的上访之路。在2004年6月,由于政府迟迟没有兑现承诺,贝村村民为了追讨15%的预留地,上访至国家信访总局、中纪委、国土资源部,还委托了北京的律师进行处理。

上访费用一般是村、村民和上访者各出一部分。有一段时间,贝村还放置了"筹款箱"(别的村也有类似筹款活动)。在征地拆迁开始之前,尤其是2003年6、7月的时候,火车站和飞机场都有政府指派的村委在值班,拦截上访村民。因此,村民到北京信访的路线经过精心设计:在村里包一辆面包车到韶关,在韶关乘火车到长沙,再从长沙乘坐飞机到北京。

邵岳对我们说,到北京之后,信访部门的工作人员接收了他们准备的材料,并告诉他们事情会得到处理。但是,经过上访,村民们也明白了,即使得到中央的帮助,地方的事情最终也还是要经由地方来解决,不可能由中央直接处理。而在地方,他苦笑着告诉我们这样一个事例:他现在还记得当年村民去夏都市信访部门的时候,对工作人员说,同样是公共事业公共利益,为什么因为建地铁要搬迁的赤沙每亩有28万的赔偿款,而小谷围只有6万到7万一亩?接待他们的那个工作人员态度恶劣,素质低下,说:"你们6万就是6万,人家28万就是28万,没什么好说的!"

"土"是他们的命根子,"乡"、"土"既是村民基本的生存保障,也是其割舍不开的心理情结。① 由大学城建设初期所引发的事件,我们

---

① 费孝通:《乡土中国》,人民出版社2010年版,第1—8页。

可以发现,村民的道德期待很大程度上仍来自于土地以及土地能够赋予他们的满足,一旦这种满足被破坏,也就意味着破坏的力量将承担至少来自道德的谴责,而一旦满足被严重破坏,谴责则会进一步激化成具体的护卫行动,而且,在村民眼中,他们站在了正义的一方。

2. 艺术村"村民"的抗争

2004年9月28日,闻名中外的小谷围艺术村拆掉了最后一幢房屋,使方圆260里的知识分子的美好家园彻底化为乌有。大半年过去了,当人们站在这片曾经充满艺术气息的土地上的时候,仍会痛惜不已。艺术家们仍然不甘心地四处求证:难道偌大的南国,就容不下一个小小的艺术村?

(1) 曾经是一面旗帜

1994年,数十名艺术家、设计家、建筑家来到远离城区的荒芜小岛——位于夏都市方圆区的小谷围南岸。最初是夏都市美术学院的教授,后来是园林设计院的设计家,再后来,海外归国华侨、港澳台同胞、享受政府津贴的有突出贡献的专家,陆续在此投资置业,最终形成了三个现代化住宅小区,即A区艺术村、B区谷围山庄和C区临江苑。由于别墅的建设完全采用自建方式,在艺术家们的独具匠心之下,很快这儿就成了远近闻名的165幢艺术村别墅群。"走在我们艺术村,就像在各具特色的园林中穿行,给人以极高的文化享受。"这一点让艺术村村民自豪。

从1994年陆续迁入后,住户们就在当年拿到了由方圆区建设委员会核发的《建设用地许可证》和方圆区国土局核发的《建设用地批准书》。2002年南方省人民政府又核发了《房地产权证》。艺术家们认为自己的家园更加名正言顺、有法可依了。在这美丽小岛的艺术村中,曾诞生了数件国内外艺术大展的金、银、铜奖作品;诞生了萨马兰奇钟爱的肖像雕塑;诞生了人民大会堂南方省大厅的优秀装饰设计;诞生了多项环艺园林创意和出色的重点建筑工程造型设计;还有美轮美奂的摄影佳作……在别墅的造型上,古今交融、中西辉映:有传统的曲径回廊,有现代的敞亮飘窗,有高耸的西式穹顶,有徐缓的中式亭台,还有千姿百态、琳琅满目的园艺布局和室内装饰,被多家媒体称为"建筑博览花园"。

在艺术村的园林中,有产自海南的高大的椰树;有来自江西的挺拔的翠竹;有纹理雄浑、造型独特的各种奇石,还有色彩缤纷、枝干遒劲的灌木和异卉繁花……不少国外艺术家来这里参观、交流,还欣慰地表示:"中国的艺术家是幸福的!"这些艺术家们怀着造福社会的赤诚之心,自费举办每年一届的艺术节,热情邀请附近群众和大专院校师生步入自己的家园,参观丰富多彩的艺术作品,这在全国文艺界传为佳话。

(2)如今是一片废墟

正当艺术家们陶醉在精心布置的家园中的时候,一场拆迁悲剧悄然降临。

2002年1月9日,夏都市规划局公布了《夏都大学城发展规划》。在整体规划中,艺术村所在地被划定为夏都市大学城的文化共享区。起先,这并未引起艺术家的不安,他们认为以建文化大省为由的夏都市大学城项目,肯定会将漂亮、高品位的艺术村融入到大学城的规划设计中。然而,稍后小谷围岛上展开的针对万余农民的声势浩大的开发建设征地及强制拆迁行动,令艺术家们的心情日益沉重起来。

2003年4月18日,夏都市国土资源和房屋管理局突然下发了收回B区谷围山庄和C区临江苑所有的国土资源使用权的通知。同年8月29日,夏都市国土资源和房屋管理局再次发布夏都房拆字(2003)4号"夏都市房屋拆迁公告",该公告宣布:"小谷围岛艺术村、临江苑、谷围山庄地段房屋及其附属物均须于2003年8月29日起至2004年4月29日止拆迁完毕。"于是,165户画家、雕塑家、摄影家、建筑师、园艺师、工程师、教师、编辑等合家上下几百位公民,付出毕生积蓄、耗尽多年心血营建的一幢幢漂亮别墅,令人惋惜地变成了残垣断壁,最后夷为平地。

如果说拆迁大队面对村民的策略是以暴制暴,那么他们面对艺术村村民的策略则要"文明"得多:

负责拆迁的政府部门把拆迁工作"人质化",根据业主不同的背景,实行"各个击破":业主是干部或教师的,通过单位领导找其"谈话",以升职考核、遵守纪律等为条件强求其转变态度,数十位市级单位干部业主因此被迫在4月20日前签字同意;业主是办工厂开公司的,工商税务消防部门以查税、查安全生产等为名,要求其停业整顿,一位当地乡镇企业老板业主无奈之下只好"就范",眼睁睁看着自己的房子被拆。

因为不少反对拆迁的业主都在夏都市美术学院任教,该学院教师宿舍几乎天天都有拆迁办官员、单位领导和保卫科干部上门作"工作",开会作思想动员,搞得艺术家们不得安宁,根本无法继续创作。近一年来,艺术村所属的方圆区政府抽调了近百名干部专门应付此次拆迁工作,一些政府部门的日常办公几乎停顿。

一位业主告诉记者,他是做设计工程的,曾与一家公司合作多年,相互信任,但突然对方一个电话告诉他今后不再合作了。后来他了解到,对方公司受到了某种压力。一些任公职的业主被单位领导找来谈话,劝说其要服从大局,不要再闹了,否则影响不好。更多的别墅被停水停电、堵路拆墙,入室盗窃案频频发生……

美籍华人亚历山大·彭(Alexander Pentti)在一篇文章中写道:

……以后的日子,市土地开发中心的工作人员不再和我协商任何合理的赔偿问题,只是让我必须按照他们定下的游戏规则,接受评估公司单方面给出的价格,我发现他们已经没有诚意在双方平等的条件下进行谈判……2004年10月28日,没有法庭的判决书,没有任何一个单位和个人给我书面的拆迁命令和理由,我的家就被拆了。

(3) 知识分子也无望

"我们打算全力抗争到底",一位坚持不在拆迁协议书上签字的艺术村业主说,"但是说实话,我们也感到很无奈,面对拥有强大力量的这些政府部门,我们能做什么呢?"

与普通村民不同,艺术村村民都是有相当的文化修养和社会地位的,因此他们与政府的博弈行为带有很大的理性色彩,他们更希望诉诸正当渠道来捍卫自己的合法权益。

一是动之以情。按照大学城的建设规划,把艺术村拆掉,这里将修建一块绿地,而外环路也要从艺术村穿过。于是,艺术家们提出,能不能把受外环路影响的那部分住宅移到旁边去,艺术村其他住宅则予以保留,或者把外环路稍稍绕一下,从艺术村旁边经过。艺术家们还亲手绘制了这条外环路的建议修改路线图,递交相关部门,恳切地提出:只要绿地和附属建筑稍作改动,就可以保留住景观优美的艺术村,就可以节约国家用于拆迁的约 10 亿元补偿费。但结果是一直到大学城开始兴建,也没见有人考虑过。

一是晓之以理。前一阶段的情感策略失败后,艺术村的知识分子开始借助法律、网络、上访等途径。艺术村近百位颇有名望的艺术家业主申请行政复议并向南方省政府、国土资源部、监察部递交保护财产及人身权利的紧急请求函;又先后向夏都市中级人民法院、南方省高级人民法院提起行政诉讼。20 多位被强拆业主组成了一个维权组织,并建立了一个维权网站。艺术家们还组织到北京上访,并采取非常理性和规范的方式。在建设部,一位对夏都市大学城情况较为熟悉的官员接待了他们。这位官员建议艺术村业主一定要追究这个规划的事情,说:"你们一定要他们出示他们当初报给建设部的规划。"但所有努力均以失败告终。

第三章 "终结"的开始：突飞猛进的征地运动与村庄的分化

图 11　艺术家反拆迁

图 12　艺术家对拆迁表达不满

(4) 强拆的背后：以公益之名攫私利之实？

业主认为，政府之所以如此迫切地希望收回艺术村地块，根本不是为了搞什么道路和绿化，而是因为该地块前临珠江水道，风景优美，将来要转交开发商兴建高级酒店等商业设施。"有来跟我们谈拆迁的政府官员都明说了，你们这块地太好了"。一位业主愤愤不平地告诉记者。另据当地媒体报道，由于大学城开发和修建地铁等因素，小谷围土地价格暴涨，前一年夏都市国土房管局公告准备拍卖的三个邻近艺术村但位置和景观均不如前者的地块，底价已达每亩 250 万元，业界更是估计最多可拍得每亩 500 万元！

艺术村不存在了，但在未来小谷围的地方志上，将会浓重地抒写上一页：这里曾经是著名的艺术村。

三、村庄内部的震荡

村庄内部的冲突向来都是有的，也并非由于大学城建设或者保留村规划而产生。不过，在这两个事件之前，村庄冲突一般都局限在邻里之间的争执，无非一些鸡毛蒜皮的生活小事。而在村庄经受强制性变迁之后，由于变迁过程中涉及经济利益以及利益分配，村庄冲突的指向对象已经不仅仅是单个人或者原先的家庭邻里。在这些冲突中，我们能够明显感觉到的是两个方面：（1）村干部并非村民利益的捍卫者，其作为政府征地的协助者及征地收益的享有者而引发的村民与村干部的冲突，引发了村民对村干部的不信任；（2）外嫁女与村庄之间的冲突。我们将从以下几个方面作分析。

（一）村干部自利性与村民利益的对立

贝村变迁因强制征地而始，贝村村民的生存困境因利益分配不公而恶化，而在这两个情境中，村干部扮演着重要的角色，它既是政府征地的协助者，又是征地收益的享有者，村干部与村民的利益对立可想而知。

当政府以国家名义征地时，就需要具体的"国家"的代理者。按

第三章 "终结"的开始：突飞猛进的征地运动与村庄的分化

照中国乡村的政治结构，这项代理的职权无疑落到了村干部手中。同时，村集体资产向大量资金转化带来的谋利机会激发了村干部强烈的利益倾向，他们运用与上共谋、对下实现利益组织化的策略①，成为了征地过程中的关键力量。没有他们，政府的征地行为很难实施；也正是由于他们，失地农民的利益便很难保障，因为他们并不代表失地农民的利益。②不仅如此，当村民进行权益抗争时，他们就会以"妨碍公务"的罪名恐吓弱者，大大挫伤了村民对村干部的信任。面对强势、集团化的村干部，村民则处于原子化、一盘散沙的弱势地位，尤其是村庄内部大量青壮年人口流失，缺乏政治能量的老弱妇孺是无法与村庄上层政治精英相抗衡的，所谓的"民意"就变得非常微弱，上层利益集团对其可以置若罔闻。

城市化进程开辟了新的财富和权力来源，从而进一步助长了腐化行为，"在掌握政治权力的人和拥有财富的人之间架起了一座桥梁，使二者相互同化"③。"4000万事件"的发生不是偶然，而是利益寻租常态化的必然结果。

> 珠江碧桂园曾经来征过地（先锋队），曾经给了100多万，但是村委搞了个市场，修了几条路，就说100多万全没了，其实是村委的人把钱拿去旅游了。碧桂园出价是28万块一亩，但是村委跟村民说是4万块一亩，骗他们签字。本来村民是浑然不知的。后来，碧桂园的领导开车过来摘水果吃（他们认为给了28万一亩后什么都是他的了，连草都是他的了），与村民发生纠纷，领导说给了28万，摘几个水果当然可以，村民说什么28万，才4万，而且一分钱未收到。于是事情败露。

---

① 杨善华：《家族政治与农村基层政治精英的选拔、角色定位和精英更替》，载《社会学研究》，2000年第3期。
② 李向军：《风险社会视角下失地农民的困境与抗争问题研究》，华中师范大学硕士学位论文，2008年。
③ ［美］塞缪尔·亨廷顿：《变化社会中的政治秩序》，王冠华等译，上海世纪出版集团2011年版，第46—47页。

"大量的微不足道的小行动的聚集就像成百上千万的珊瑚虫日积月累地造就的珊瑚礁,最终可能导致国家航船的搁浅或倾覆"①,大量被认为无关紧要的贪污腐化最终导致了现任村委的结束,具体报道如下:

挪用大学城 4000 万征地款 五村干部昨过堂②

2002 年至 2003 年,方圆区新岛镇贝村的 4200 多亩土地被夏都大学城征用,2000 多村民共获得包括青苗费、安置费、征地款在内的补偿共计 2.8 亿元。

2003 年 10 月,得知贝村有一笔巨款,经某银行的业务员陈海恒介绍,汉唐证券的业务员黄静认识了贝村的**村委书记何波女、村长邵耀深、村委委员郭海明、支委邵松林、支委原灿明 5 人**,并向村长邵耀深表示希望吸引村里投资汉唐证券国债理财项目。

村委书记何波女当时担心有风险,不肯投资,而年仅 32 岁的村长邵耀深则问业务员黄静,如果投资有何好处。业务员黄静与陈海恒表示如果投资 4000 万元,村里将获得每年 2.35%(94 万元)的回报。村委干部将获得 172.5 万元的回扣。

禁不住诱惑,这 5 名村干部大胆达成共识,立即以村民要求分征地款为由要求镇政府下拨资金。4000 万现金很快转到了汉唐证券的账上,不久,业务员黄静提着 172.5 万元现金在方圆区的龙泉酒店当场交给了在场的 4 位村干部,4 村干部当场每人分得 34.5 万元,另一位支委原灿明则在第二天拿出身份证,由村长邵耀深帮其开户,也获得了同样数额的好处费。黄静也从汉唐证券给付的 200 多万元回扣中拿到了 50 多万元。

5 个村干部自以为神不知鬼不觉。2004 年 8 月,汉唐证券出现危

---

① 郭于华:《"弱者的武器"与"隐藏的文本"——研究农民反抗的底层视角》,载《读书》,2002 年第 7 期,第 12—13 页。

② 见 http://www3.xinhuanet.com/chinanews/2005-07/02/content_4558214.htm。

第三章 "终结"的开始：突飞猛进的征地运动与村庄的分化

机，证监会认为汉唐经营严重违规，存在巨大金融风险，汉唐证券违规挪用客户保证金 25 亿元，国债回购欠库 10 亿元以上。此外，汉唐证券受托理财余额为 18.79 亿元，其中个人为 1.41 亿元，机构为 17.28 亿元。于是决定证券由信达资产管理公司托管经营。调查小组发现有一笔巨额资金来自方圆区新岛镇贝村。

就在同年 6 月，**镇政府**在一次对村账务的检查中也发现，贝村有一笔 4000 万元的资金没有利息记录。此时，一起村干部挪用巨额征地款投资证券的大案终于浮出水面。公安机关开始介入侦查。方圆区法院对涉案的五名村干部一审后公开宣判，五村干部构成受贿罪。在此受贿窝案中，村长邵耀深获刑 12 年，村委书记何波女被判 10 年，村委委员郭海明和支委邵松林均获刑 8 年，获刑最轻的是支委原灿明被判 7 年。村长邵耀深最高被判 12 年，村支委原灿明最轻被判 7 年。

而善良的村民对此事还一直蒙在鼓里。直到今年 1 月 13 日凌晨，警方将 5 名村干部抓走，一大早，镇政府组织村民开会，会上，村民才知道，用宝贵的土地换来的 4000 万元征地款被挪用了。方圆区新岛镇贝村 5 名村干部私自挪用 4000 万大学城征地款购买汉唐债券，收受并私分 172.5 万元好处费，却因汉唐证券的关闭清算而亏。

但是，法院判决中，**最让村民关注的 4000 万征地款挪用行为在宣判中没有定性，上百村民纷纷表示不满。**

挪用大学城征地款五村干部受审 村长获刑 12 年①

昨日，原定上午 9 时开庭，由于上百村民从近 20 公里外的贝村蜂拥而至，只好推迟到 10 时，只有 60 个座位的沙湾第一刑事法庭顿时显得拥挤不堪，法庭过道的水泥地面上都坐满了村民，法庭门口也被村民堵得水泄不通。

5 个昔日风光的村干部，在法庭上，个个都耷拉着脑袋，55 岁的女书记何波女更是显得憔悴。面对公诉人的提问，5 名村干部承认了

---

① 见 http://news.21cn.com/dushi/zsj/2005/06/17/2173746_1.shtml。

自己的罪行。

公诉人问道，挪用4000万元投资，是为了给村民带来收益，还是为了自己能收取34.5万元的好处费？村委书记何波女、村长邵耀深等5人承认是为了回扣，因为，根据村里和汉唐签订的协议，村里每年只能拿到94万元的分红，而5个村干部从一开始就拿到了共172.5万元的回扣。"他们完全出卖了我们2000多村民"，几位村民在旁听席上愤愤不平。

在庭上，邵耀深还承认，业务员陈海恒为了表示对他的感谢，还另外送给了自己一台价值6000元的柜式空调和2.8万元现金。

■ 争议焦点

是集体财产还是公款？

下午，离开庭时间还有一个小时，贝村村民已经站在法庭外的铁门前静静等待。天空一片乌黑，一场暴雨将至。

围绕着村干部挪用的是公款还是集体财产，成为控辩双方下午开庭时争议的焦点。公诉人提到，贝村5个村干部的工作性质是履行国家赋予的行政工作，由国家下拨的4000万元征地补偿金理应属于公款。5个村干部的辩护人则表示，按照法律规定，如果不具有国家工作人员的身份，就不能构成挪用公款，只能是挪用本单位资金。集体经济组织工作人员和其他经手、管理公共财物的人员不是挪用公款的犯罪主体。5名村干部处理的4000万元应该是属于2000多村民的集体财产，他们所作出的投资决定也是集体内部的决定，而不是执行国家公务。

■ 村民"控诉"

村干部垄断工程

昨天，在法庭外，几位村民围着记者纷纷讲述村长邵耀深等村干部的劣迹。2003年前，当地的几千亩土地被征用后搞城市建设，几位村干部垄断了工程的"填土方"项目，4000多亩的土方，推平几十个小山头，如此巨大的工程项目只能由几个村干部分配。（此处征地应该指的是2000年征用先锋队的那些土地，据村民所说，村干部搞了这次大工程之后，生活奢侈。——笔者注）

另外，5 名村干部没有经过村民大会还私自决定将 2000 多平方米的村用地，租给他人做商业市场。有一块地实际是近 600 平方米，而在租户的合同上显示的却是 275 平方米，租价是每平方米 30 元，1400 平方米的地租给他人后也变成了 700 平方米，如此巨大的水分，导致了村民的强烈不满。

作风腐败夜夜笙歌

今年 34 岁的村长邵耀深在村里可谓一手遮天，很多事情都是独断专行。更令村民看不惯的是，邵耀深夜夜笙歌，他几乎每天晚上都要去方圆区的"天×酒店"等娱乐场所唱卡拉 OK、喝酒、叫小姐。而原村长、现任支委郭海明就曾经因召妓被抓，打电话叫村委干部去领人。

"你有本事去告我啊！"每当村民不满时，村委书记何波女、村长邵耀深经常挂在嘴边的就是这句话。

我们的出路在哪里

"他们说投资 4000 万元是'母鸡生蛋'（受审村干部在法庭上如此辩解），现在是'无鸡生蛋'"，几位姓邵的村民满脸沉重，4000 万元对于他们来说是个天文数字，原本平均每个村民可以分到近 2 万元，一位姓郭的村民沮丧地表示，他家有 6 口人，一下子 10 多万元就不翼而飞了，这件事情对他的打击太大了。

而村民最担心的事情是以后的保障，地被征用了，原来 4000 多亩，现在只现下 170 多亩保留地。地没有了，村民又没有文化，找不到工作，连最后一点保障也被 5 名村干部糟蹋了，他们纷纷表示，都不知道以后怎么办，"我们的出路在哪里？"

■ 村民企盼

追回巨款成竞选条件

"如果乡亲们选我为村委会主任，我将积极配合司法部门，追讨 4000 万元巨款，给村民一个明确的交代。实行民主监督，村民有权按照规章制度……"昨日，记者有幸见到了一份贝村换届选举参选村干部的竞选纲领。

贝村村民表示，不管是谁，要想当选下一届村干部，必须得承诺把这个问题（追讨 4000 万元巨款）解决，否则村民不会投他的票，这也成为竞选新村干部的首要条件之一。

在上面的报道中，一些字、词、句子（加粗部分）是值得我们进一步关注的。首先来看一下这些村干部的获刑情况，见表 16。

表 16　贝村上届村干部获刑情况

	姓名	获刑时间		姓名	获刑时间
村支书	何波女	10 年	支委	原灿明	7 年
村长	邵耀深	12 年	村委	郭海明	8 年
村委	邵松林	8 年		黎明光	

在这几个村委中，何波女工作时间最久。何波女嫁给贝村一个潘姓人家，之后在贝村做了 30 多年村干部，从最初的妇女主任一步一步走上村支书的位置，她最后走向腐败也是村民觉得最为可惜的。何波女案发被抓那年，距她退休只有一年。村民说："她原本可以很享福的，就剩下一年了，退休后可以拿退休金什么的，很多钱的，但是，哎……"据村民介绍，现在村干部里面的何志安，是何波女的侄子，当时是党员，因而进了村领导班子。

对村长邵耀深，大部分村民没有好感——"判得太轻了，真的太轻了。""才 12 年，太少了，像我们这些人，不要说挪用了 4000 多万，十几万可能都要枪毙。"不过，也有例外的。在我们采访的过程中，邵耀深的一个小学同学则认为邵耀深是一个"悲剧性人物"。村干部中除了邵耀深，其他都是工作了几十年的老干部，而邵耀深不过才 30 岁出头，也才做了两三年村干部，论经验、阅历等远远不及老干部，而在村干部挪用征地款事件中，他却是被判得最重的。相反，那些比他有经验的老干部，那个级别比他要高一点的村支书却判得轻，这是不合理的。

村干部中有一个人没有被抓，那就是黎明光。黎明光是很幸运的，2003 年村干部选举中他刚好没有当选，似乎也是因祸得福。对他没有被抓，村民众说纷纭。有的村民这样认为："他只是运气好而已，他以前也是管一些房啊地啊什么的。"有的这么认为:"他以前只是个搞会计的,他没有参与,当时也抓了他去问了,不过查过他没有参与那件事。"

村干部贪污的4000万没有定性,这使得这些款项的追回成了一个很大的问题,平均摊到每个村民身上,他们个人少分到近两万元。这使得村民一直充斥着对村干部的不信任,这种不信任导致了一系列村庄治理上的困境,如在村庄公寓楼建设等方面(后文将详细阐述)。还有村民认为:"我估计当时那4000多万都没有到村的账户里面,镇政府肯定也有插了一脚在里面,不然上一届村委没有那么容易就拿到钱,而且镇政府到现在还不准我们查旧账。"村庄贪污事件很大程度上是导致村庄一系列冲突的根源,由于村庄挪用征地款导致集体收益的损失,以致其后村庄经济不振、村民对政府不信任。

任何一个处于转型期的事物,大到国家,小到村庄,都存在权力的真空地带,而这往往容易滋生腐败。在未被强制性变迁之前,村庄内部是典型的熟人社会,家家户户知根知底,村干部借职务之便谋取的也往往是些蝇头小利,村民对村干部的监督也往往缺乏有效的制度保证,更多是依靠街坊邻居之间的相互信任和传统道德约束。然而,突如其来的城市化改变了这一切,村庄"被开放"带来了新的财富和力量来源。那些由传统社会所塑造的村民晕头转向,他们在父辈开辟的道路之外,看到了威胁和变化不定;而对于村领导,则嗅到了缺乏有效制度监督之下的利益芬芳。"4000万"贪污,即使对高级官员来说也是不可想象的,更何况对于这些处于最基层的官员呢?是什么促使其甘冒政治生涯被终结的风险贪赃枉法呢?

哈林顿说,"腐化是新旧政府交换的催生符",贝村村委重新选举印证了这个道理。如果"4000万事件"没有被发现,村干部们迟早会将"4000万"的消失抹得一干二净,并继续享受权力与财富交易的快感。他们之所以敢这样做,在很大程度上是缺乏有效的监督制度。集体所有制下村干部(村委会集团)代理着村中的日常管理,村民和村干部之间存在着信息的不对称,村民对村干部的监督往往成本很大。因此在日常状况下，作为个体的村民宁愿外出打工、做生意，也不愿花时间、费精力甚至冒着得罪人的风险去监管村务，这就使得村务的日常管理缺乏监管的习惯和规范。所以在征地过程中，被边缘化的失地农民也很难参与其中，从而给非法征地、贪污腐败留下了"运作"的空间。①

在新一届村委选举中，我们看到了村民对村干部的极大不信任，因为即使领导班子换了，人还是那么不可靠，该有的制度还是没有建立起来。于是，新任村干部要想重获合法性，一要积极推动村庄集体经济的发展，满足村民务实的物质需求；二要建立健全村务公开和村民监督制度，重建村干部与村民之间断裂的信任。

（二）外嫁女分红

由于村庄搬迁带来巨大的征地补偿，贝村外嫁女集体回到村庄。外嫁女有两种：一是农村户口妇女嫁到非农户口人家；一是嫁到农村户口人家。她们都希望在村庄的征地补偿中获得一部分利益，使得村民与村民之间产生了一定的冲突。如果经由法律途径外嫁女获得村庄征地补偿的部分利益，这将使村民所得更少。

外嫁女冲突在更深层面上呈现出来的是村规民约与法律之间的冲突。

一方面，法律对外嫁女的权益有相应规定。按照《中华人民共和国妇女权益保障法》第三十二条、三十三条规定：

> 妇女在农村土地承包经营、集体经济组织收益分配、土地征收或者征用补偿费使用以及宅基地使用等方面，享有与男子平等的权利。任何组织和个人不得以妇女未婚、结婚、离婚、丧偶等为由，侵害妇女在农村集体经济组织中的各项权益。因结婚男方到女方住所落户的，男方和子女享有与所在地农村集体经济组织成员平等的权益。

---

① 李向军：《风险社会视角下失地农民的困境与抗争问题研究》，华中师范大学硕士学位论文，2008年。

南方省实施的《妇女权益保障法》第十二条规定：

> 结婚后户口和居住地仍在原村的农村妇女及按计划生育的子女，其居住、户籍、生产劳动和计划生育等权利受法律保护，在责任田和宅基地划分及股权分配等方面与当地其他村民享有同等权利。

与此同时，在方圆区下发的《中共夏都市委方圆区委、方圆区人民政府关于处理农村"外嫁女"有关问题的决定》［方发（2000）21号］作出了如下规定：

> 对于法律法规目前仍未作出规定的实际情况，各地可根据《中华人民共和国村民委员会组织法》第20条，关于"村民会议可制定和修改村民自治章程、村规民约，并报乡、民族乡、镇的人民政府备案"的法律条文，通过制定"村规民约"加以解决。制定"村规民约"，必须符合国家的法律、法规和有关政策，同时必须以符合大多数人的意愿为原则，并报镇政府备案……今后我区如发生农村"外嫁女"权益问题与"村规民约"的矛盾和纠纷，各镇政府要积极进行调解。如调解不成，应根据"外嫁女"的申请，依职权作出处理决定。当事人如对镇政府的行政决定不服，可在法定期限内向区人民政府申请行政复议或向区人民法院提起诉讼，由人民法院按照法律途径予以解决。

另一方面，村庄对于外嫁女的传统做法是不让其分享村庄集体收益。贝村村民给我们出示了类似这样的协议书：

> 青云队生产队对外嫁女分给的禾田承包口粮责任田，作个人为生活口粮之用，但要完成国家的一切粮食任务，生产队里的任何经济分配福利不得享受，现本生产队制订出本合约，希望日后，双方遵守合约，不得反悔，以此为凭据。
> **集体单位国家征收随征随收**
>
> 签名人：邵XX 家长　　　2001年1月4号　　　青云队

由于贝村在大学城建设征地过程中的高额土地补偿带来了可观的集体收入，贝村外嫁女开始不断通过法律途径起诉村庄。外嫁女对贝村起诉成功后，村庄收入大部分被法院冻结，这使得村庄内部冲突加剧。在调查的过程中，村民也给我们提供了这样的信息：上一届村委通过某些手段，让自己亲戚中的外嫁女（没有保留本村户口）在大学城征地的初期重新将户口迁到村里，以分享征地补偿。

以下我们描述一个具体案例：

> 邵女士，贝村村民，贝村户口。1985年结婚，先生是夏都市户口的职工，当时由于政策的原因，她无法将户口迁到丈夫那里，邵女士与亲大哥、父母一直住在贝村，从事农业。
>
> 在征地之前，她在贝村拥有自己的田地，并履行作为一名村民的义务，参加村委选举（选举人身份）、村民大会，并且村里需要大家集资办事（如建学校），她也有份参加。邻里关系也很和睦。
>
> 2003年，大学城项目启动后，土地被征，在全村分配征地赔偿款时，邵女士一分钱也没有分到。村委拒绝的理由是贝村的"乡规民约"规定嫁出去半年以上的女儿不可享受任何村民福利。2003年，有一批（41人）感觉不服的外嫁女开始了漫长的维权之路。一开始，她们到夏都市政府上访，市政府将问题交到区政府，区政府则表示由于贝村有明确的"乡规民约"，没有办法。于是，将问题之球踢到下一级政府。在他们彷徨无奈时，新岛镇人大主任详细了解她们的情况之后，非常同情她们，并积极帮助她们。新岛

镇政府认同了她们的合法权益，根据她们的申请下达了一份"行政决议书"，责成村委执行。村委召开股东大会，村民并不认同外嫁女的请求。

最后，外嫁女事件走上了法律程序，由于手上拥有那份行政决议书，法院给予了立案。当时正值贝村由于村干部挪用征地款被捕的村委真空时段，作为被告的贝村无法在应诉期间应诉。2006年，外嫁女案件最终连庭都没开就赢得了这场官司。同一批同样性质的贝村外嫁女（分开立案）依最初的申请获得判决。判决书下达之后，村委仍不肯执行，村民也表示强烈的反对。后来方圆区法院颁发了强制执行令，冻结村委资产。在强制令颁发后，方圆区法院召开了村民听证会，目的是向村民解释清楚法律的规定。

在漫漫维权的几年中，"外嫁女"以及家人承受了来自政府的压力，也经历了很多人情变化。周围邻里的不理解、责备、怨恨、嫉妒等等使她们感到很大的压力，很多人都不愿和她们打招呼。开始时，村民都认为她们不会成功。而当案件宣布结果后，方圆区法院立即冻结了村集体的账户，很多村民感觉"村的财政状况如雪上加霜"，加剧了村庄内部的冲突。

农民尝试一种新事物，这会引起公愤：难道他自以为比他的父辈更灵巧、比他周围的人更聪明、比显贵更有知识？外嫁女的行动可以说是对其他人的一种侮辱，其他人必然回报以嘲笑和敌意，并运用各种社会约束的武器来令其遵守互识社会中的传统规范。因此，几乎所有村民都预言她们将遭到失败，为的是外嫁女们能够摆脱幻想，使一切都能够按照秩序进行。然而，结果是外嫁女赢了官司，这让村民更加气愤，一是由于他们自身的经济利益受到侵害，二是由于他们长期遵从的传统被颠覆，不安感的剧增使得他们极力否定外嫁女参与分红的合法性和合理性。因此，尽管外嫁女在争取征地赔偿款分配的案件上赢了官司，但她们依然没能够享有村民待遇，贝村所推行的股份制还是没有囊括这一群体，她们向小谷围街道办提交的申请也石沉大海。经历过漫长维权之路的外嫁女及其家人,也不再持乐观态度,如果最终必须又一次对质法庭,他们认为"那就是又一次难有心血应对的游戏"。在传统村规民约与现代法制的对抗中,我们又一次体味到了村庄的困境,它的有效运行绝非仅靠冷冰冰的制度建设就可以完成。只有将改革所引起的变化植入村民的共同经验之中并被证明是有利的,它才会被村民所接受,而这一过程也任重而道远。

(三) 邻里冲突

乡土社会的格局不是一捆一捆扎清楚的柴,而是把一块石头丢在水面上所激起的一圈圈涟漪,每一个网络有个"己"作为中心。在差序格局中,社会关系是逐渐从一个一个人推出去的,是私人联系的增加,社会范围是一条条私人联系所构成的网络。因此,我们传统社会里所有的社会道德也只在私人联系中发生意义。① 在贝村这样宗族氛围浓厚的村,有两大姓氏:"邵"姓和"潘"姓,以此形成两大宗族,有各自的宗祠。其余则是些小姓家族,在村内没有太高的地位。一个宗族即可以是一屋人,相互之间互称"屋里人"或"自己人",而宗族之外的人则统称"外人"。因为划分明确,所以对待不同部分的态度也很明确。对待屋里人是"远而敬之",对待一个"外人"则是"敬而远之",两种态度泾渭分明。②

贝村最大的邵、潘两姓存在矛盾,"大姓压小姓,大房欺小房"在贝村同样可见。据村中老人说,祖宗那里就有矛盾,几十年前曾经打过架。邵姓村民说,以前有日本鬼子的时候,"他们姓潘的就用日本鬼子来压制我们"。新中国成立前据说邵、潘是不通婚的,新中国成立后特别是改革开放之后村里的人思想会相对放开一些,这项互不通婚的习俗也被部分人打破。但是,两姓矛盾依旧是存在的。随着村庄开放的程度愈来愈大,年轻人大多外出打工,仅留下年长的和年幼的家庭成员留守家园,村的宗族氛围便相对淡薄下来,宗族祠堂也年久失修。邻里之间

---

① 费孝通:《乡土中国》,人民出版社2010年版,第28—34页。
② 杨华:《传统村落生活的逻辑——农民"历史感"与"当地感"的视角》,华中师范大学硕士学位论文,2007年。

的冲突愈来愈集中到经济利益方面,前述的外嫁女因参与村庄分红而致使其家庭在村落内被孤立即是很好的证明。高校学生的增加、外来人口的涌入催生了村庄寄生性的房屋出租业,这之间必然会有竞争,有些村民便会以低于其他村民的价格出租房屋,而这往往会引发村内其他人的"责难",结果是形成秘而不宣的相对统一的价格,某种程度上反映了"不患寡而患不均"的小农理性。

本章小结

真正的大学城不是一个孤岛,需要有许多的配套设施,需要更多的文化底蕴,是比经济园区更加社会化的社区。① 建筑在浓郁的、有博大的人文关怀、有深厚的岭南文化积淀的基础上,夏都大学城可以让夏都市的年轻一代或者外地到夏都市上学的年轻人知道:我们在此读书的环境曾是千年前一代皇帝(南汉王)的御用狩猎园;我们生活的地方曾是岭南皇帝的御花园;我们的运动场曾是培养国家军事栋梁的黄埔军校的演练场;我们图书馆矗立的地方曾经风起云涌,在这可以眺望珠江口的狮子洋;我们漫步的校园曾经绿树繁茂,在这可以欣赏田园水乡的秀丽景色;我们可以到众多岭南建筑的明清祠堂实地考察;我们可以在百年古桥上流连忘返;我们喜欢吃的乌榄、虾春、番石榴在这里俯拾可见……②

这必须是"持续的文明",而不是"失落的文明"。

然而,在大学城建设中,大学城的本真越来越模糊,她变得越来越像一种借土地生财的工具。一个村庄的终结,单靠强制力保障的行政力量是无法完成的,一旦用力过度反而会滋生更多的内部、外部矛盾,而利益争夺是根源。

科塞指出,不平等系统中的被统治者对现存稀缺资源分配的合法性

---

① 见 http://finance.sina.com.cn/g/20040510/1559752690.shtml。
② 曾璇:《小谷围:拾起失落的文明》,载《夏都晚报》,2004年4月20日,第T00版。

提出质疑，并且其相对剥夺感和不公正感上升时，更有可能引发冲突。① 在贝村强制性城市化的过程中，村庄与政府力量的抗衡造成了村庄的外部利益冲突。对于村民来说，他们感觉到明显的"被强制"和"被剥削"；对于政府及其村庄代理人来说，其对经济利益的掠夺和对村民生存权的压缩使得其统治的合法性遭到质疑。

村庄在强制性城市化过程中处于集体"被强制"的状态，从大学城选址到召开征地动员大会，我们看到的是政府官员的高度肯定、专家学者的热情谏言，却很少听见村庄的"声音"。这并不意味着村庄发不出"声音"，只不过这声音面对强势力量太过微弱，面对官方的围追堵截，他们发泄不满的渠道太显微小。在这场强制性城市化过程中，整个村庄都被政府"绑架"了。曾经处于传统下的封闭村庄，被突如其来的城市化推入到了一个充满风险的社会。正如哈贝马斯（Jürgen Habermas）在《合法性危机》中指出的，国家随着对经济活动的日益干预，也同时试图把政治事务转变成"技术问题"，因此这些事务不再是由公众讨论的主题，相反，它成了需由科层制组织里的专家们用各种技术手段来解决的技术问题，实现了所谓的"去政治化"。在这个风险社会里，大学城的政策制定者与规划专家、社会媒体结成联盟，极力论证项目的合理性和技术可行性，尽管整个决策过程非透明，很少有村民的参与、社会公众的监督，但官方可以宣称这是"技术问题"，无需也没有必要使公众全程参与进来。

因此，从大学城筹划一开始，村庄变迁的强制性色彩就凸显出来了。作为自己家园的主人，却无法决定村庄的未来，这对整个村庄来说都是可悲的。但是，人们自我意识的觉醒和权利意识的增强意味着政府不能再为所欲为。即使在强制力推动下贝村实现了城市化，但其代价却是巨大的：村民、公众对政府的极大不信任，政府合法性被质疑。一旦强制性的变革理念及实践不能得到及时纠正，其所累积的社会不满就如

---

① ［美］乔纳森·特纳：《社会学理论的结构》，邱泽奇、张茂元译，华夏出版社 2006 年版，第 135 页。

滚雪球般愈来愈大,造成无法挽回的后果。

制度不能依靠在人们的心中植入可以获得合适报偿的愿望而存在下去,它的存在是由于其有报偿,而且这个报偿最终必须是针对个体的。① 然而,在贝村强制性变迁下,我们看到的却是制度变迁后的村民个体"被剥削",他们所获得的报偿极其有限。征地之前,在官方描述的美好未来景象中,村民是受益的,他们可以获得总额高达46亿元的征地补偿,还有15%的自留地发展集体经济……然而,愿望是美好的,现实却是残酷的,46亿元的征地补偿在经过正当或非正当途径的层层截留后,到达村民手中的远远低于最初政策话语下的数字,15%的自留地也一直停留在政策文本层面,迟迟不能落实。作为征地拆迁过程中的最弱势群体,村民个体原子化的薄弱力量使他们无法同政府强势力量进行平等的博弈,合法化的维权渠道更是形同虚设。

与村民个体的被剥削相对,我们看到的是地方政府以地生财的上瘾成性。在传统小农的生存伦理中,精英阶层或国家对农民的索要一旦侵害了农民的基本生存需要,便毫无公正道德可言了。② 结果是,在暴力抗争、上访等不具合法性的"弱者的武器"对抗"以暴制暴"的官方作为中,一系列冲突产生了。

村庄内部的冲突尤其是外嫁女分红、邻里冲突则体现了变迁过程中村民在传统与现代之间的摇摆不定,归根结底仍旧是村民经济理性的不断增强,现代向传统的摇摆往往并非出于"乡土情结",而是维持既得利益的小农理性。在封闭的小农社会中,"传统"的农民不会怀疑传统,在他们看来,传统是理所当然的,是生活和工作必须遵循的正常方式。然而,在日趋开放的社会中,农业劳动者意识到了传统世界的崩溃,他们的生活跨越两个世界。时而,他们试着尝试新的逻辑,时而,他们又不得不返回到旧有路径,他们把新逻辑运用到按常规进行的领

---

① [美]乔纳森·特纳:《社会学理论的结构》,邱泽奇、张茂元译,华夏出版社2006年版,第276页。
② [美]詹姆斯·C. 斯科特:《农民的道义经济学:东南亚的反版与生存》,程立显等译,译林出版社2001年版,第41页。

域，又用他们视为永恒的旧逻辑去解释新世界。① 新旧逻辑的变换中，不变的是日益增长的经济理性，这在外嫁女分红中体现得尤为明显。按照贝村的传统，村庄的外嫁女是不能分享村庄集体收益的。然而，在征地拆迁的补偿费、集体经济的入股分红等利益吸引下，外嫁女借助法律的力量，用新的逻辑挑战传统的做法。一旦外嫁女参与分红，村民的收益必然又会减少，因此，即使在村庄变迁后的新环境中，村民仍然践行着"村规民约"的旧逻辑。外嫁女维权的行为得到了法律的认可，这是社会的进步，然而却引起了村民的公愤，他们对外嫁女的行为报以嘲笑和敌意，并运用各种社会约束来令其遵守互识社会中的传统规范，来维持低层次的却是保险的平衡。② 邻里纠纷是同样的逻辑。

在强制性城市化的过程中，无论是村庄外部的冲突，还是内部的冲突，都是在所难免的。我们要进一步思考的是，前述冲突的价值何在？这些冲突会如马克思所言变为革命性的和暴力性的，并最终导致体系的结构性变迁，还是会如齐美尔所言提高社会团结、整合，发挥"安全阀"的功能呢？前一种可能的代价恐怕是极大的，而后一种可能又似乎过于理想。对此，需要辩证看待。一方面，社会尤其是村民等弱势群体需要宣泄不满的渠道，以此来表达他们的利益诉求，因此冲突是必然的；另一方面，大量的微不足道的冲突的聚集就像成百上千的珊瑚虫日渐造就的珊瑚礁，最终可能导致国家航船的搁浅或倾覆。冲突的出现意味着政府的管理出现了问题，对政府的行政合法性提出了质疑，这就需要政府适时转变行政理念，关注社会需求，否则会由于革命性的冲突而失去合法地位。因此，在强制性城市化过程中，不能一味掩盖冲突，也不能放任其发展。冲突的解决，就算不是水到渠成，也至少必须是兼顾绝大多数人的公益；即使不能面面俱到，也起码要做到善始善终，免除弱势群体的后顾之忧。而这需要多元治理主体的共同推动：政府，更应

---

① ［法］H. 孟德拉斯：《农民的终结》，李培林译，社会科学文献出版社 2005 年版，第 142 页。

② ［法］H. 孟德拉斯：《农民的终结》，李培林译，社会科学文献出版社 2005 年版，第 39 页。

是裁判员而非运动员,它所发挥的作用绝非是冲突的制造者,而是使不同利益主体围坐起来平等协商的调停者;村民,更应是积极参与者而非被动接受者,伴随着经济理性不断增长的还应该有法治意识等现代理念;社会,必须是公正监督者而非冷漠旁观者,它不应纵容政府的谋利行为,也绝不可默认村民的非理性行动……

第四章　重建中的村庄：城市？村庄？还是都不是？

　　传统社会内的农民无疑是一种恒久的保守势力，他们禁锢在现状之中。现代化通常给农民带来两个重大冲击，使农民劳动和福利的客观条件恶化，也导致了农民的渴望上升。

　　　　　　　　　　　　　——［美］塞缪尔·亨廷顿

一、村庄中崛起的"市场经济"

　　当市场不是自发形成而是被动植入时，当自给自足的小农经济不是自然退出而是被强制扼杀时，传统与现代、市场与计划将摩擦出什么样的火花？或许，贝村实践可以给我们提供一些可能的结果…

（一）股份制改革

　　2004年12月31日是贝村在册户口登记的截止日期，同时贝村开始进行股份制改革。具体方法是按生产队和村两级配股，其中生产队每人上交17000元（从征地赔款里面扣除）。两级所有资产到股份合作社集中分配，而股份合作社由贝村12个生产队改制组成，小谷围其他保留村的股份合作社都是类似的结构。初步定下来是所有共有财产（主要是土地）按照1000元一股分为若干股份，平均分到当时拥有贝村户籍的每一位村民头上，每人大概30多股。这些股份以"固化股"的形式分配到个人,股份持有人可以参与每个月的股份分红,股份不可以买卖,但可以继承。至于后来加入贝村户籍的人口(包括嫁入贝村的媳妇和出生人口等),只能通过继承的方式拥有股份。

贝村的集体收入由几个部分组成,包括:天马城(后改为"GOGO新天地")的出租,贝村铺位出租,化龙的预留地出租,山顶烧烤摊的出租,夜市中摊位出租。其中,前三个占据重要部分,而山顶与夜市部分的收入只是占小部分。

1. 天马城租金

天马城占地两万余平方米,目标是"集购物、餐饮、娱乐、休闲于一体"的商业中心,打造夏都大学城商业新地标。但是,由于金融危机,其公司被迫终止建筑计划。当时外来务工人员由于没有讨回工资,搞过很多游行。

天马城于2010年被夏都世品国际商业管理集团接手,将项目改成"夏都大学城GOGO新天地项目",在原来基础上继续修建。目前,该项目已经成为商业旺点。

图13 夏都大学城GOGO新天地项目规划图

2. 15%的预留地

当初政府规定,征完村民土地之后,村庄在此后可以获得政府划定的15%的预留地,即805.133亩地。该项目由亿隆公司预征地,拟开展业务包括货物保税仓和国际商品展览交易。

现在，村民每人每月可从中获得200多元分红。

3. 店铺租金

租铺的人一般是外地人，但也有本地人。租价大约为130—200元/平方米/月，一个店一般是50平方米，以投标取高价者的方式出租。租金一般以村委集体的名义来收取，再通过分红的方式分给村民。

股份制改革为村庄的经济发展设置了新的制度安排，且它以最顺乎历史与自然的方式为市场竞争中的公认弱势人群——刚刚非农化的"村民"营造了一个足以遮风挡雨的港湾，为他们抵御陷入社会边缘化、最终融于都市社会，铺设了一座城市化桥梁。① 但是，尽管贝村股份制改造已经基本完成，却还存在几个问题亟待解决。一是村里固定财产在征地过程中有很多未确定的资产。二是外嫁女的问题，外嫁女认为她们也应当拥有"固化股"，并且不断在争取。不过，村委干部认为这个影响并不大，因为一般股份合作社的资本就是土地，贝村也没有生产性实业，股份分红基本上就是土地出租得到的利润，因此每人持有的"固化股"只是相当于村民在集体土地租金收益中可以平摊到的比例。"如果外嫁女也要求得到股份的话，只是相当于其他村民每个人分到的钱少一点，对于现在我们村的发展来看差别不是很大的。"贝村某村委认为股份制改革已经不是他们工作的重心，村民最关心的是村里的总收益，分配的话只要公平、平均，而且落实到个人就可以了。

但是由于在征地之后的三年里，政府没有兑现预留地，贝村周边用于商业开发的土地也被私人霸占，所以村民只享受到极少的土地收益股份分红。近几年来，大学城内的很多商铺都因经营不善而拖欠房租，进一步激化了村民对政府的不满，冲突不断。以用贝村地修建开放的贝村广场为例，贝村村民称，当年强行征地，开发成的贝村广场，现在却因经营不善连连拖欠村民租金。于是村民出动两辆堆土车在各出入口倒下大量土以妨碍经营（见图14），向政府讨债。

---

① 蓝宇蕴：《都市里的村庄——关于一个"新村社共同体"的实地研究》，中国社会科学院研究生院博士学位论文，2003年，第76页。

图 14　被土泥围住的贝村广场上的麦当劳

(二) 预留地

前面已经提到，在大学城建设之初，按照政府文件规定，拆迁各村能够保留15%的经济发展用地。而且，按照规定，"预留用地的选址由规划部门根据城市发展的需要，结合大学城及周边地区的发展规划及方圆区的实际情况，以尽量照顾和方便村民的原则初步确定选择后，报夏都市规划局审核批准确定的。"

在大学城建设之后，村庄用54143954.76元购买了政府口头承诺的800多亩预留用地。然而，直至2006年年底，预留地的诺言才确实兑现。在2003年征地拆迁之后到2006年年底这段时间，村民从预留用地获得的收入是人均每年400元。而将这个收入乘以村庄的人口，则是54143954.76元的银行存款年利息。对于这个问题，村民、村委各有想法，政府也有自己的策略。

村民的意见是：预留地的"空头支票"是现在村民对政府最不满意的一个问题。大多数村民认为这个是政府当初为"哄骗"村民搬迁的谎言，所谓预留地根本不存在；而且，现任的村干部没有能力向政府争取回预留地,是无能和不作为的表现。另一方面,村民又非常期待预留地能够早日兑现,他们认为这个对增加村民收入、发展贝村的经济有着十分重要的作用。

在村委方面,事实上一直在向政府争取预留地,并与政府谈判条件。这也是新一届村委上台的一个政治承诺。村委对村民的各种看法也表示理解。一是因为上届村委在搬迁赔偿过程中与政府签订了不利于村民利益的条款,而且挪用了4000多万的赔偿金,导致村民对村委和政府非常不信任;二是三年来村民没有亲眼看到预留地,没有取得预留地带来的经济实惠,理所当然对村委工作存在意见。

而在政府方面,在大学城建设之后的相当长的时间内,政府一直将预留用地保持在"口头承诺"上。据官方文本,预留用地要结合方圆区总体规划的实际,或者是在酝酿或者正在审核。2006年,政府关于预留地的问题有了一个初步方案,声称在临近贝村的"化龙"已经划定了征地面积15%大小的预留地。但是,村民和村委对这些土地的真实性还是非常怀疑,一是因为政府从来没有向村民或村委出示过国土证,也没有带村民去过所谓已经划定了的预留地;二是因为村民和村委都对政府失去信心,认为政府随时可以根据需要捏造出一个"化龙"的预留地。对于村民的这种心情,村委邵岳表示十分理解。他认为:要扭转村民对村委的不信任,最重要、最根本的是发展贝村经济,主要就是把村里可以作为商业用地的土地租出去,把贝村新建的市场承包出去,把预留地的租金争取回来,增加村民收入,使村民得到实实在在的利益。

2007年3、4月,小谷围街道办召开会议,并拿出政府制定的预留地方案,即《经济发展用地租赁合同》。其中,针对贝村的文件内容如下:

> 重要提示:根据《中华人民共和国村民委员会组织法》第十七条和第十九条规定,在签订前,村民委员会必须将合同提请村民会议讨论决定后方可办理;召开村民会议,应当有本村18周岁以

上村民的过半数参加，或者有本村三分之二以上的户的代表参加，所作出的决定应当经到会人员的过半数通过。如果村民委员会（出租方）与承租方在2007年4月15日前签订合同，承租方将自2007年2月1日起向出租方计付租金；如村民委员会（出租方）与承租方在2007年4月15日至2007年4月30日期间签订合同，承租方将自2007年5月1日起向出租方计付租金；村民委员会（出租方）在2007年5月1日前未与承租方签订该份合同，该村民委员会只能根据整体规划安排确定其应得经济发展用地地块的具体位置，不得持有异议。

自从贝村以5000多万购买了预留地之后，村庄就至少在名义上是拥有土地的使用和收益权。但在具体规定中，作为出租方的贝村（甲方）与作为承租方（乙方）的政府的关系实在是让人不解，具体如下：

第五条　租赁期限
1. 本合同租赁的经济发展用地的租赁期限为二十年，自2007年2月1日起至2027年1月31日，租赁期满，本合同自动延长十一年（即至2038年1月31日）。

第八条　甲方的权利与义务
1. 本合同租赁的经济发展用地及地上所有建筑物的产权属于甲方……

与此同时，作为土地名义上的拥有者的村庄竟然无法对土地进行定价，相反，作为承租方的政府反倒可以给土地定价。

第六条　租金及资金支付方式
1. 第一年（即从2007年2月1日起至2008年1月31日止）的租金标准为每月每平方米捌角壹分（0.81元/平方），即每月租金总额为 434771.84 元，全年租金总额为 5217262.10 元；第二年和第三年（2008.2.1—2018.1.31）的租金标准为 2.30 元/平方，每年租金额为 14814447.94 元；从第四年起至第十年止（2010.2.1—2021.1.31），每年租金在上一年租金的基础上递增 2%。

从合同规定我们可以看出，土地价格是很低的。合同又规定：

第十条　乙方转租租赁土地及其地上建筑物的约定

1. 租赁期间，乙方有权将本合同租赁的经济发展用地的部分或者全部与第三方合作开发经营或直接转租给第三方等，甲方不得对此设置任何障碍，且无条件协助乙方开展此项工作。

2. 租赁期间，乙方有权将本合同租赁的经济发展用地建成并将其出租，甲方不得对此设置任何障碍，且无条件协助乙方开展此项工作。

3. 在租赁期内，乙方有权将本合同租赁的经济发展用地的部分或全部租赁权以及所建成房屋使用权的部分或全部作价出资或者作为合作条件与其他投资者举办合资合作企业。甲方对此不得设置任何障碍并无条件协助乙方开展此项工作。

4. 乙方在招商过程中要求甲方与第三方直接签订合同的，在不违反本合同的前提下，甲方应当无条件与第三方签订合同。

5. 乙方有权按照规划局批准的方案进行建设，甲方对此不得设置任何障碍并无条件协助乙方开展此项工作。

第十一条

本合同无论因何原因解除，甲方均必须无条件承认和继续执行乙方与任何第三方在不违反本合同的前提下所签订的包括（转）租赁合同在内的所有与本合同租赁的经济发展用地及地上建筑物有关的合同。（但合同的履行期不得超过本合同期满之日，即 2038 年 1 月 31 日）

本合同租赁的经济发展用地如被国家依法征收或收回的，实际用地单位所作出的补偿中，必须充分考虑乙方已投入的成本，并给予乙方补偿，具体补偿为：土地补偿费归甲方，建筑物及地上附着物的补偿按本合同履行年限的比例分配给甲、乙方双方（即征用或收回前已经履行合同期间的建筑物及地上附着物的补偿归甲方所有，未履行合同期间的建筑物及地上附着物的补偿归乙方所有）。

第十六条 合同效力、解释等
2. 本合同的效力在任何时候均不因甲乙方的名称变更及其领导班子的换届而有任何变化。

对于这样一份合同，村民提出这样的疑问：我们为什么没有权力决定自己所有的土地的命运？对于合同的细节，他们有这样一些推测：

（1）政府低价购买土地，并将高价出售给房地产开发商等，赚取利润。
（2）政府长时间租借土地是出于第一点的考虑。
（3）合同明显对村庄不利。
（4）一旦某届村委通过了这个合同，后果将非常严重。

该合同在2007年4月交由村民大会投票决定是否通过。最终的投票结果是，超过80%的村民反对。在调查的过程中，我们发现赞成的那部分人基本上是上了年纪的孤寡老人。这部分村民有的没有后代或者后代已经迁出贝村，户口脱离村庄，有的孤身一人，因此希望通过出租这些土地获得分红以维持生活。当然，由于村庄里面这部分人是少数的，所以不可能使合同通过。村民的要求很简单："属于我的土地，你还给我。"另外相对温和的态度是：首先，租金的数额要合理；其次，政府延迟了三年多才兑现预留地的诺言，这三年里的损失，政府要按照协商后的租金赔偿。

预留地问题再度搁置。

而在 2010 年，我们从村委方面获得了消息，预留地问题预计基本可以得到解决，政府表示愿意在原有价格基础上提高出租价格。

回头想想预留地的问题，我们发现，这种讨价还价还是双方力量对比的结果。如果土地由村里直接拿回，村庄本身并没有足够的财力来开发；另外，更重要的是，村庄没有那么大的财力进行"三通一平"等基础设施建设。也就是说，预留地问题最后肯定还是政府占据主动地位，村庄只是尽可能争取更多属于自己的利益。

(三) 新市场

新市场的建设是发展村庄经济的一个举措。

新市场侧门正对着贝村小学（村委所在地），正门面对着 W 大学学生宿舍，占地 800 多平方米。2006 年 10 月，新市场建设完成并向社会招标。第一次招标在 2006 年 10 月举行。但是，此次招标却因为村民的反对而流产，遭到村民反对的原因在于村民对市场的租金分配不满意。由于经历了村干部挪用集体款项一事，村民认为，钱由自己保管是最安全的，"钱要到个人才算是钱"。在村委最初的设想里，租金作为贝村的公共财产，归集体所有。后来，在大多数村民的极力要求之下，最后决定租金的 20% 归村集体所有，80% 分到村民个人手中。

可以看到，在征地拆迁之前的宣传动员中，政府口头上对村民作出了许多允诺。这些允诺几乎涵盖了村民所有的忧虑：迁移、安置、安置后再生产的扶持、社保、赔款、养老、就医、教育等。然而，在征地搬迁安置过程中，大多数允诺政府都无力兑现，甚至村民最基本的经济利益也受到损害。由此导致的信任危机一直存在于村民心中。村干部毫不隐讳却不无遗憾地说："这是三年前搬迁赔偿不合理不清晰给村民落下的'后遗症'。"

一个月之后，第二次招标举行。在招标过程中，大学城出动了大批城管、公安维持秩序，但招标过程依旧颇费周折。规定的招标开始时间是在早晨 9 点，而正式开始时间却拖延到差不多 10 点。在招标还未正式进行的时候，有人企图捣乱招标现场，公安逮捕了其中一人。在正式招标开始之后，整个过程相当混乱，聚集的村民、投标者、城管、公安、黑社会分子鱼龙混杂，甚至有两名投标者之间起了争执。在混乱的场面之下，招标不得不中断。第二次招标流产原因有以下两个：一是每月 40 元/平方米的出租价格村民并不满意。二是有黑社会分子威胁投标人，企图操控招标现场。村委认为操纵价格的行为难以制止，因此村民和村委一致表示只要在法律和合约规定的经营范围内，中标的商家可以自主经营，不会介意他们的身份以及具体经营项目。因为对贝村来说，当下最重要的问题就是发展经济。

第三次招标在 12 月举行，每月 72 元/平方米的出租价格得到村民的认可，而政府方面对于招标过程的有力保护也使得投标顺利进行。

如今，贝村新市场已经投入使用，新市场建有贝村超市以及打印店、文具店、饭馆、服装店等便民商业铺面。村民每个月可以从新市场的收入中获得 25 元分红。我们发现，大多数村民对于这个结果感到满意。对于这些基本上没有收入的人来说，每个月 25 元的分红尽管杯水车薪，但总比没有要好。

看着突然间高兴起来的村民，我们深深体会到农民的知足常乐。农民有足够的忍耐能力来承受痛苦与灾难，他们的要求往往简单，尽管如此，某些情况下他们连简单的要求也难以得到满足。

（四）商业用地的三方博弈

贝村保留村现有土地可以划分为三种类型：居民地、闲置地、商业地，其中，商业用地是矛盾的聚焦点，核心在于政府、村民与外来人员利益的博弈。

按照各个学校公布的教职工、学生数据推测，在 2008 年大学城第四届学生进驻之后，包括外来人口和村民在内，估计消费人群会维持在 40000 人左右（此数据只包括距离贝村最近的 S 大学和 W 大学，事实上，附近还有其他大学）。由于贝村地理位置优越（为大学生活区所包围），很多商家已经对贝村的土地"虎视眈眈"。

由于大学城征地拆迁，大多数拿了政府征地补偿款的屋主都已经搬走，但是房子暂时没有拆掉。高校进驻以来，一些外来商贩，也包括本村的一些村民，看到了其中的商机，临时搭建起一间间的餐馆、烧烤店，水果摊等。这些外来商贩大多直接与原来的屋主联系，缴付屋主一定的租金，从而明目张胆地在房屋的周边大肆扩建，占据大片的公有土地，在公家的地方做起私人买卖，由此还掀起了一幕轰轰烈烈的"拆店风波"。

最初，村民认为这种占有公共土地谋取私人利益的事情是村委该管的，但村委却迟迟不见行动。村民了解到，由于没有执法权，村委处理这类事情往往难有成效。因此，他们的不满更多指向那些占据公地、进行出租的村民（即原屋主或者其他村庄恶势力）。2006年12月23日，在村民的压力下，贝村村委开始"大动干戈"——清理一直占据着村里土地的小饭馆、烧烤店的临建设施。在小谷围街道办的支持下，推土机肆无忌惮，短短几个钟头，大片临建设施就被夷为平地。不过，村委此举也算不上突袭，在12月9日，村委就已经发布通知，限中环路及北一路周边一带临建商铺于本月11日之前自行拆除。而商铺的所有者抱着侥幸心理，一拖再拖，以致面对推土机时措手不及。

通知

为加快我村经济发展，位于贝村中环路及北一路周边一带临建商铺请于本月11日前自行拆除，违者后果自负，特此通知。

贝村村民委员会
2006年12月9日

拆迁之后，大批商贩只能无奈地选择离开，他们要么把做生意的行当寄放他处，要么干脆叫来卡车把设备拉走。拆店的时候，我们和一个来自潮汕的餐馆主进行了访谈，问他什么时候再开业，他很有把握地说："明天，明天就可以过来这边吃饭。"在当时，我们对他的胸有成竹很是怀疑。不过，后来的一切却真的印证了他所说的。

拆店后不久，铺面又重新建了起来。由于拆店的时候有些房子的墙壁被推倒了，所以商贩们索性不再花成本砌墙，他们找了一些雨花布或者尼龙布，撑起两个遮阳伞就重新开张了。与此前不同的是，商铺一方面向屋主交纳租金，另一方面，由于铺面扩张而占用的村里的土地，也以向村委交纳租金的方式解决。我们所了解的这个潮汕餐馆老板的铺面是100多平方米，一个月需要交给屋主2000元多租金，另外村委每天都会有人来收土地占用费，一天是20多元。这样下来，一个月交给村委的也要600—700元。

村庄的商业用地出现的问题，一方面源于村庄内部的斗争；另一方面，也是更加深刻的原因——土地的使用与政府的规划存在冲突。

贝村外围土地属于农业用地。大学城建设之后，政府许诺将其转为商业用地以支持村庄经济发展，但是，很长一段时间以来，村庄依旧没有办法得到土地用途转变的批准。在此情况下，由于商铺带来的污染影响了大学城的形象，政府严格限制周边土地的不规范商业发展，但是，同时也限制了村庄在很弱的经济能力下的商业开发。

在拆店之后，村委希望将周边土地收回，并通过招标的形式，统一规划和开发这些土地。

公告

现我村中二横路临时商铺建设工程于2007年1月6日通过公开招标（暗标）方式由夏都市方圆区新岛镇建筑工程有限公司（吴柱明）以每平方米419元中标，特此公告。

贝村村民委员会
2007年1月6日

然而，这种努力却受到来自政府方面的阻挠。政府不批准村庄建设统一的商店或者铺面。因此，在很长一段时间，外围的商铺依旧是处于不规范状态。当然，村庄自身的发展与规划的困境并不仅限于此，我们后面将涉及旧村改造的关键——6栋楼的建设，将更进一步展现这种政府与村庄的冲突。

二、村庄政治秩序的重建

贝村村民与政府的抗争、与外来人口的矛盾，背后都是村民致富的经济诉求，体现在如下几个方面：（1）拿到政府拖欠村里的15%预留地，并按照市场价格合理赔偿征地至今近四年的损失；（2）追回4000万村干部挪用的集体款项；（3）发展村经济，争取更多的集体分红来维持生活支出；（4）争取更多的工作机会。然而，上述的几个经济诉求都没有得到充分满足。征地之后，村民的生活水平"基本上是在走下坡路"。其原因如下：

第一，收入途径减少与生活支出增加。征地之前家庭的经济来源主要有两种。一种是干农活，包括耕田种菜，栽种经济作物。如果比较勤劳的话，一个家庭一年可以收入几万，务农是比较辛苦的，但是基本可以自给自足。一种是在外务工，主要从事运输、建筑等行业，或者做些小生意。征地之后村民不但不能将务农作为家庭收入来源，而且购买粮食这项之前不需要的支出成为日常支出最大的方面。

第二，行业结构调整与技能失效。征地之前，珠绣也是贝村村民（主要是妇女）重要的收入来源之一，珠绣业兴旺的时候一个家庭一天可以通过珠绣收入五六十元，这对于村民是非常可观的。但是现在，在产业结构调整的大背景下，纺织业和珠绣行业也暗淡了，这就使得贝村村民的技能不再有效了，所以这方面的收入也少了。

于是，至少就现阶段而言，强制性的城市化成为贝村村民的"贫困陷阱"。此过程中的一系列冲突，给村庄留下的除了"名声在外"，就是一个烂摊子。在这种情况下，村庄秩序急需重建，而一切还得从村庄的政治重建着手。

（一）导火线——村干部贪污

2005年，贝村举行第二届①村干部选举。2008年，历经三轮选举，

---

① 2003年为第一届，2005年为第二届。

终于结束，贝村也因此成为"问题村"。作为夏都市最后一个完成村干部换届选举的村庄，其选举过程相当有戏剧性，村干部的贪污事件则是一大导火线。

随着夏都市"南拓"和大学城建设，贝村及其周边地区城市化过程迅速完成，村民的工作生活经历了前所未有的改变。在这种转变的迷茫和困惑之中，"4000万事件"彻底扰乱了这个原本宁静的村落。

在村干部集体被处分后，贝村各项村务无法正常进行，镇政府、小谷围街道办在新岛镇大学城征地拆迁办会议室召开紧急会议，区政府、镇政府领导，贝村各生产队长、村民代表、党员等上百人参加了会议，在这次会议上，政府临时任命霍育兴为贝村代书记。以后的很长一段时间，都由街道委派的干部暂时代理村务工作。

其后，镇政府组织村民开会，在会上贪污事件被披露。在村干部挪用公款的时候，大学城保留村改造已经在政府的议事日程之内。村民们认为，如果保留村改造能够顺利开展的话，那么，村干部挪用村集体征地款项一事必定会被掩盖在改造的尘土之中。然而，由于村民对于保留村改造并不能形成统一意见，导致村干部贪污事件慢慢浮出水面。事件发生后，村民为追回损失，开始不断上访，甚至多次出现数百村民到村委会和街道集体上访的情况。

村庄的选举也就是在这个前奏中拉开序幕的。

村不可一日无主，村委选举的拉锯战就此展开。前前后后，贝村共进行了三轮选举才选出村干部。而对于这次选举的过程，村民、现任村干部乃至政府，都认为选举非常经典，甚至可以成为"教科书"。

（二）筹备阶段

选举工作是在村干部贪污被抓之后马上进入筹备阶段的。在筹备阶段，小谷围街道办推动并建立了选举委员会，并从行政村生产队推选出13名代表（共12个生产队，其中潘姓由于人口较多，因此选出2名代表）组成选举委员会。对于村庄选举而言，选举委员会拥有很大的权力，包括制定村委选举的方法以及具体措施，譬如说投票方式和投票地点等。在这其中，作为代书记的霍育兴最初建议设置"流动投票箱"，其后由于流动投票存在诸多弊端，譬如说作弊的可能性较大，最终被村民代表大会否决。

（三）教科书式的选举拉锯战

在 2005 年 3 月第三届村"两委"换届选举期间，由于上届村"两委"成员的贪污受贿行为，贝村村民对村委失去信心，大家对村干部贪污腐败充满了痛恨，不相信新选举产生的村委会干部能廉洁做事，于是集体"罢选"，先后两次举行的投票选举大会均因参加投票人数不过半而"夭折"，贝村的村委会换届选举工作因此无法按期完成。经过市、区、街各级政府的不断努力，直到 2006 年 3 月 21 日，贝村才完成第三届村委会的换届选举工作。而这时，距离第一次投票选举已经整整一年。贝村，成为当时全市最后一个完成换届选举的挂号"问题村"。

1. 第一次选举

选举过程涉及三派力量——政府以及村庄内部分化的两派。从选举委员会的成员看，这个由政府指导成立的临时机构成为政府扶植自己势力并试图掌握选举进程的工具。当然，由于不言自明的原因，选举委员会也不可避免地要将村庄所有力量都包括进来。因此，最后组成选举委员会的力量可以作如下排列：强势方（政府）——中间方（村庄其他势力）——弱势方（村民及其草根代表）。

在这个选举委员会中，发生过一件有趣的事情。在一次选举委员会会议上，霍育兴呼吁选举委员会要向村民宣传，让村民认清形势，不要支持"弱势方"。当然，弱势方在选举委员会的"卧底"也参与了这次会议，他将这个情况反映回自己所支持的力量。不久之后，作为弱势方代表的选举人愤怒地致电街道办领导，并质问政府是不是不想他们参与选举。

也就是因为这样一个事情，冲淡了村民的选举热情，以"不作为"来回应政府。第一轮提名选举的结果是：强势方（417 票）、中间方（436 票）、弱势方（394 票）。按照法律规定，选举必须达到法定人数方有效，而且，投票结果必须是候选人达到过半数以上才有效，因此，在这个有 1900 多名选民的村庄，三方没有任何一股势力超半数胜出。

2. 第二次选举

弱势方明显看到了政府力量过分介入村庄选举，因此，弱势方采取了一些策略。而其中最为重要的就是废除选举委员会提出的部分可能导致舞弊的做法。

弱势方的候选人致电夏都市民政部门领导，咨询村民选举委员会相关事宜，并从中得到启示。第二轮提名选举开始之前，弱势方召集6个生产队队长并商议提议召开村民代表大会。由于贝村有12个生产队，政府势力即便强大，也不可能绝对掌控村庄的所有事情。因此，最后提议得到通过，由每个生产队选出4个村民代表组成并召开村民代表大会，其矛头直接指向选举委员会的部分选举细则，村民有两个要求，一是不能抬票箱上街，二是设立独立投票间。当然，这些要求最后都实现了。

经受了挫折的村民选举热情极低，但是，由于政府在其中发挥的巨大作用，投票率还是有了很大提高。在第二轮提名选举中，弱势方票数有所提升。在村长、副村长、村委三个职位上的竞争力量形成如下格局：村长的竞争变成政府和弱势一方的竞争；副村长基本上为中间势力把定；村委的竞争则相当激烈，在第三轮选举中，依旧有四名候选人竞选，包括一个邵姓、两个吴姓和一个潘姓人员。

竞选承诺

贝村第三届选举候选人吴XX

我吴XX参选本届村委选举，承诺：如果我能当选村委员，一定要清查村的新旧账目，给村民一个交代。从村民利益出发，搞好保留村和保留用地的经济发展，使村民有更好的经济收入。如果我不能做到此承诺，我本人自动辞职。

希望各位村民顾全大局，为了自身利益着想，请投我一票，多谢！

从上面的竞选宣传单中我们可以看出，以下两个方面是竞选者最重要的施政宣言，也是村民最关心的事情：一是村的账目；二是预留地。

在村委选举的过程中，候选人请客吃饭是常有的事情。针对这个问题，弱势一方采取了一个策略，即打印"吃人一餐饭，损失 4000 万"的警醒标语并贴在村庄的显目位置。

尽管第二轮选举同样夭折，但此次选举在某种程度上改变了三大力量的对峙情况。经过第二轮选举之后，中间势力感觉无望于村长选举，因此打算退出。而同时，对于他们比较有希望当选的副村长职位，他们则尽力争取。在这个过程中，发生了村庄内部力量的联合。弱势方副村长竞选者庾镜梅前两轮投票得票都比较低，而中间势力只有可能争取副村长位置，因此，中间势力与弱势方达成共识，双方相互投票，中间势力支持弱势方当选村长、村委，而弱势方则支持中间势力当选副村长一职。为了避免政府一派力量发觉，双方的联合非常隐蔽。直到选举开始前一天晚上，双方才各自在支持自己的人群里面为对方"造势"。

3. 第三次选举

（1）筹备工作

第三次选举筹备工作是在 3 月 12 日提名选举顺利完成之后开始紧张进行的。一个驻扎小谷围贝村的干部如此记录：

2006 年 3 月 15 日 星期三 晴

贝村在 3 月 12 日的提名选举顺利进行后，村委的选举工作已进入关键的阶段。

贝村经历了上届村"两委"干部违法违规行为所造成重大损失的惨痛教训后，大部分村民提出在选举村委前，必须制订、完善《贝村村规民约》，规范、明确村委的职权。经街道经管科草拟，再广泛征求村民意见的《贝村村规民约》，今日在股东代表大会上进行表决。在股东大会上，首先由街道经管科的领导对《贝村村规民约》修改之处进行详细解释，但有少数股东代表以未征求其意见为由，拒绝投票表决（《贝村村规民约》已由街道下发至每户）。为防止别有用心者把事情闹大，影响村委选举，我与街道领导和村支委商议，决定在现场由我宣读一遍《贝村村规民约》，并在宣读过程中，由股东代表提出疑问，请街道经管科的领导当场解答，解决股东代表心中的疑问。最终《贝村村规民约》得以表决通过。

事后，我感觉到，虽然贝村是一个问题较多的村，但我相信在街道的领导下，深入到村民中去，真正了解村民的所需，为村民解决实际困难，村民是会支持、认可你的工作的！

对于此次选举，官方给予了极大重视：

> 3月19日下午，徐金海书记在小谷围街主持召开贝村村委会换届选举工作会议。夏都市民政局局长李维杰、副局长凌妙英，区领导陈容康、严宗活、黄建强、刘苑珊等区领导和区选举办、小谷围街领导参加了会议。小谷围街领导汇报了贝村村委会换届选举的工作进展情况和面临的问题。目前该村选举工作取得较大进展，选举热情高涨，选民参选率高，但候选人较多且得票数相对固定，势均力敌，选举难有新的突破。会议认真研究了顺利推进选举的有关问题。贝村村委会换届选举工作时间紧、任务重，徐金海书记和李维杰局长等领导要求小谷围街全力以赴抓好贝村换届选举，加强对选举工作的领导，积极引导村民的参选热情，依法依规推进选举进程，保证贝村村委会换届选举工作顺利完成。（小谷围街党政办）

> 3月20日下午，夏都市委林元和副书记在市委组织部助理巡视员刘德谦、市民政局局长李维杰和方圆区委书记徐金海等领导的陪同下到小谷围街调研该街贝村换届选举工作。方圆区、小谷围街领导汇报了贝村村委会换届选举工作进展情况。在该村换届选举候选人提名选举大会及正式选举大会中，选民热情高涨，参选率高，该村选举工作已取得较大进展。林元和副书记要求小谷围街继续稳步推进贝村村委会换届选举工作，依法依规办事，坚持公平、公正、公开的原则，引导村民正确对待和热情参加选举，保证按时完成该村村委会的换届选举工作。（小谷围街党政办）

夏都市委统战部派驻贝村干部彭河的驻村民情日记，也记载了贝村的三次选举历程：

> 贝村位于夏都大学城小谷围岛内，因村原"两委"干部收受贿赂，非法挪用村集体的4000万元征地款无法收回，给村集体经济造成了巨大的损失，同时也给村民造成了巨大的心理伤害。虽然有关人员已受到法律的制裁，但村民对村干部失去了信心，对政府也存在很深的误解，认为政府监管不力，对政府和村推行的工作都抱以不合作的态度，致使村的各项工作难以开展。原本应于2005年进行的村委会换届工作迟迟不能推进，村的日常工作只是由村党支部的三个委员暂时负责。由于村"两委"班子不健全，缺乏强有力的领路人，村的经济一直发展不起来，村民的生活也很困难。
>
> ……
>
> 刚进驻的第二天，城管综合执法中队就打来电话通知，村里有人违反大学城的统一规划，违规抢建房屋。我们当即赶到现场同城管中队一起制止了该抢建行为，城管工作人员按照规定暂时扣押了施工人员的施工用具。离开时，在旁围观的不明缘由的村民纷纷指着我们大声责骂，当时我心里就觉得很难受，但又不知道如何同他们解释。
>
> 后来的日子更是让我感觉到了工作难以开展。村民对于村干部存有戒心和偏见，工作上基本不配合，个别偏激的村民还动不动就同村干部争吵起来。有一天，一个生产队补选队长，选举还没开始，村民就围绕历史问题围着主持选举的村干部吵得不可开交，队长根本选不成，村干部连我在内还白挨了顿骂。我由于刚报到，不熟悉情况，插不上嘴，结果让我感到无可奈何，也很沮丧。
>
> 我在向原单位一位富有基层工作经验的领导汇报驻村工作情况时，抱怨村民不讲道理，工作难度很大。那位领导语重心长地告诉我，不是村民不讲道理，而是我不懂得如何向村民讲道理。我深受启发，对啊！责任不在于群众，如果我懂得如何同群众沟通，群众

一定会接受我,支持我的工作。为此,在工作中我不断改进工作方法,利用各种机会拉近与村民的距离,勤走访,多聆听,拉家常,谈想法,耐心地听他们宣泄心中的不满,听他们表达心中的诉求。每次听完后我总是开导他们:不能整天在历史问题上纠缠,只盯着过去于事无补,并不能解决村民当前的困境。要把眼光放远些,把当前最关键的村委选举搞好,选好带头人,抓住大学城建设的大好机遇,搞好村集体经济,改善村民的生活,历史问题要逐步解决。渐渐地,村民终于接受了我,他们知道我是市里派驻下来的干部,都很信任地向我反映情况,希望我能帮助他们解决有关问题,有的村民说到激动的地方,忍不住落泪。村民的信任,使我增添了做好工作的信心,同时也觉得自己肩负的责任更重了,一定要竭尽所能,为村民办实事。

按照上级的部署,贝村于2006年1月继续推进村委会的换届选举工作。我也全身心地投入到这项工作中去。在街道的统一安排下,我们通过召开党员会议、生产队长会议、村民代表会议做动员工作,挨家挨户做村民的思想工作,派发《关于贝村村委会换届选举再致村民的一封信》,不厌其烦地向他们讲解换届选举的重要性和紧迫性,争取广大村民的理解和支持,让他们明白我们现在所做的一切都是切实为村民谋利益的。那段时间由于精神高度紧张,我连做梦都梦见选举的事。

刚开始,村里开会总是乱哄哄的,大家你一言我一语,不时演变成为声讨会,会议原定的议题很难进行。后来,我同大家商议约定:开会时发言一个一个地来,大家的意见都很重要,但几个人一起说谁也听不到大家在说什么,都在白费劲。经我多次提醒,后来的会场纪律得到了很大的改善,会议基本能达到预期的效果,为各项工作的顺利推进提供了保证。

为了规范村干部的权力行使,加强民主监督,许多村民强烈要求在选举村委会前制订并通过村规民约。由于我学的是法律专业,街道就安排由我负责这项工作。在广泛征集村民意见后,我起草了

《贝村村规民约》初稿，白天收集群众的建议，晚上认真查阅对照有关政策法规，加班修改完善有关条文。同时，还结合国家法律法规不失时机地在各种场合耐心向不理解的村民解释，最后这份《村规民约》赶在村委会选举前在村民代表大会上获得了通过。虽然工作比较繁琐，但我明白，村民在这方面的吵闹和执著决不是有意刁难，实际上是他们对自己权利的维护，是对村集体未来的关心，是对村民主管理的期待，我应该尽自己最大的努力满足他们。

好事多磨，选举工作并非如我们所愿的那般一帆风顺。从1月26日开始的两次村民选举委员会选举，到村委会候选人提名选举，再到村委会正式选举和另行选举，不时遇到小挫折。但每次挫折都让我们意识到工作做得仍然不够，我们又以更高的热情和更加负责任的态度进行了更为深入细致的工作。

终于，在3月21日的另行选举中，成功选举产生出新一届的村委会，顺利完成了村委会换届工作，村民的投票率达到98%。从拒绝换届到高达98%的投票率，足以证明经过长期不懈的努力，广大村民已经接受和认可我们的工作。当选举结果宣布时，全场村民和工作人员不约而同地鼓起了掌，掌声久久不散。选举工作完成后，大家都说我瘦了，我心想，瘦点没关系，再苦再累也不要紧，只要群众能理解，工作能开展，我就满足了。

当然，在上述记录中有一些对现实作了一定的修饰。譬如说村民选举热情高涨，原因有二，一方面，村民认为，在对选举方式等等进行规定之后，选举基本能够公开、公平开展，他们也可以选举自己意愿中的候选人。另一个秘而不宣的原因则是，村民参与投票可以获得50元。

（2）选举过程

第三次选举分别在两个会场——湛泉邵公祠和谷围新村举行。经由村民代表选举组建的选举委员会制定了一系列措施来规范选举过程。譬如对于投票人给予充分的自由投票保障。投票点设置一个入口一个出口，投票人由入口进并填写选票（由于部分村民不认字，所以最多可以由一个代写的人陪同进入），投票人投票结束之后从出口离开（具体见图15）。

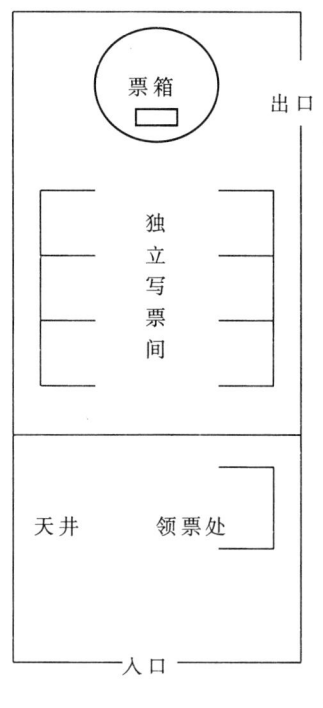

图15 湛泉邵公祠会场图

也是因为有这一规定，选举持续了一天才得以完成。

4月19日，是贝村召开提名候选人投票选举大会的日子，很多村民一大早就来到投票地点，准备投下自己神圣的一票，会场秩序井然。下午3点45分，该村第四届村委会换届选举委员会主任正式宣布：现任村委会成员邵庆祥、邵建良、邵岳分别得到1119票、1063票、1089票，在提名阶段达到"两个过半"的要求，经村选委会审查确认后当场宣布当选，连任成功。

最终，1962张有效选票中，弱势方代表取得村长（1021票）和村委（881票）① 两个职位，中间方代表成为副村长（981票）。政府所支持的力量"全军覆没"。

从选举的结果来看，邵姓这个大姓占据了村委的所有职位。村民认为，在贝村，小姓要得到村委职位相对比大姓要难，而且不太可能出现由小姓占据村长职位的情况。

村委选举结束之前，村庄党支部已经选举产生支委，霍育兴任代书记。因此，确切地说，政府在这场战争中依旧尝到了甜头。而为了维持村庄宗族之间的力量平衡，小姓也理所当然地在村支委中占据比较重要的位置。

（四）"教科书式的选举"如何实现

此次选举之所以能够达成共识，是多方作用的共同结果，具体包括村民过上好日子的愿望要求、村庄内部弱势力量"竞选策略"的有效运用，以及村庄外部政府对选举工作的引导支持。

1. 村民过上好日子的愿望

"农民最实在，谁带领我们过上好日子，我们就支持谁。"贝村的一位村民如是说。简短的一句话，却道出了选举成功的真谛。现任派之所以能够连任，关键在于他们在过去三年内有力地推动了村庄经济建设和民主政治建设，真正让贝村的村民尝到了发展甜头。对此事实的描述，可以参考夏都市委农村基层建设领导小组编著的关于基层建设的简报：

> 他们充分发挥依托大学城的地缘优势，利用旧村周边闲置土地大力发展商贸服务业，为村集体带来了丰厚的收益。村"两委"还积极配合政府的统筹安排，使15%预留用地合同签订工作一次性通过村民的表决，顺利完成了15%预留用地整体出租工作

---

① 在选举委员会定下的规则中，一旦进入第三轮选举，候选人只要有超过村庄选举人投票的1/3即可当选。

——仅此一项，一年就可以给贝村带来约1500万元的收入（在合同期内，每年还按照规定的幅度递增），占到全村集体收入的70％以上，使村集体经济迈上了一个新台阶。到本次换届选举前，村集体收入已由现届村"两委"上任之初的40多万元，增长到2007年的900多万元，村民的人均月分红由原来的几块钱增加到现在的630多元。本届村"两委"大力发展村集体经济，较好地实现了村集体经济和村民收入大幅增长，他们在村民心中树立了较高的威信——这是今年村"两委"换届选举工作顺利开展的重要原因。

其次，贝村的基层民主制度在两年多的发展中不断完善和加强。在民主选举方面，村民提出的许多合理化建议都被认真采纳。如，在2006年的换届选举中，贝村较早地实行了户内委托投票等举措，并取消了流动票箱制度。在民主决策方面，村委会严格执行一般事务由村"两委"联席会议解决，重要事务召集村民组长参与决策，重大事务必须召开村民代表大会决策的规定。对于什么是一般事务、什么是重大事务，在《贝村村规民约》中都有明确规定。在民主监督方面，贝村的财务公开得到了真正的落实。财务公开每月至少一次而且实行项目细化，每次公开的内容涉及村集体经济收入、村集体经济支出、工程项目等17项内容。另外，村民主理财小组也真正发挥了财务监督作用。12人的民主理财小组由村民直接选举产生，小组每月定期对村财务进行审计并公布理财意见。由于村民有了民主的内在需求，各种制度才得以完善，基层民主制度得以真正运转，村民对村干部的信任、对村民自治的信任也在这一基础上得以重建——这是本届换届选举顺利进行的根本原因。

出于对好日子的向往，村民在第三次选举中发挥了重要的作用。一是村民积极踊跃投票，显示出较高的政治参与热情，投票率高达95％，即使外出做工不能返乡的也大都办理了委托投票；二是整个选举过程严格规范，村民对于村民自治的理解逐步加深，依法依规选举的意识显著增强。3月驻村工作组入户调查和筹备换届选举时，村民代表和党员代表对本届村"两委"工作大都表示了高度认可。选举前，甚至有多位村民直接打电话到街道，希望现任村"两委"直接留任。或许正应了这句话，群众的眼睛是雪亮的！

2. 现任派的竞选策略

在前期工作成绩的基础上，竞选策略的精心设置也同样推动了选举的顺利进行。

（1）以公平和规范之名，强调自身行动的合法性

现任派在竞选初始就强调竞选目标是追求公平、民主、为民请命。经历了征地、村款挪用后的村庄，村民对村委的期望是选出敢于并能够代村民说话的村委。三大派系中，显然现任派一来与政府保持距离，甚至站在政府对立面，给村民更加可以信任的形象；二来由于该派系的竞选口号，加上掌控的资源有限，现任派并不像政府支持派一样能玩出许多拉拢人心的手段。

（2）在法律框架下，有效运用现有竞选机制

现任派在竞选之初明显处于下风，现任村长在第一轮选举中甚至没有获得提名。为了保证选举顺利进行，上级政府在贝村组建了选举委员会。选举委员会成员来自不同生产队，共13名委员。本次选举最大的障碍是很多村民不愿意投票，要求政府处理好4000万的问题后才参加选举。面对这一情况，选举委员会提出"抬票箱上街"的建议，将投票箱抬到各家各户门前，要求村民投票。选举委员会内大部分势力来自政府支持一派。现任派意识到"抬票箱上街"的方式会使选举被操控。在这一过程中，现任派一直积极咨询市民政局和省民政厅，同时，也从先前已经选举出村干部的邻近南村得到一些操作性建议。他们要求组成村民代表大会，并通过村民代表大会决议否定"抬票箱上街"的提议，建议为选举公平和保证村民选举自由设立投票的"独立票间"。

（3）有效造势，制造民间舆论

在选举过程中，政府支持派通过行政手法以及权力所及范围将选举

声势造得很大,并且投入大量资金,包括大范围请村民吃饭等手段拉拢村民。表面看来,政府支持一派形势大好。但是,村民最不乐意的就是"被人拿做笨(被人当做傻瓜)"。很多人都很清楚,村委任期只有两年,村干部的工资也不过每年三四万,羊毛出在羊身上,政府支持派为了选举投入这么多资金用于请客,必将在日后"执政"过程中攫取自身利益。这一问题发生在贝村就更加刺眼,因为贝村的痛点就是前任村干部挪用征地款4000万用于证券投资。面对这一形势,现任村干部一派(现任派)有效利用民间舆论,并编写顺口溜等标语张贴在村内,提醒大家"请客吃饭"背后的道理和"4000万"之痛。

(4) 利用政府急于完成贝村村委选举任务的心理

由于政府扶持一派在选举委员会成立之后,优势更加明显,代书记甚至在某次会上毫无隐讳地告诫各位委员不要选"现任派",并说"在他们的带领下贝村无前途"等。获知这个信息后,现任派直接打电话到上级质询——"你们究竟还想不想选这个村委?"作为夏都市村委选举最后一役,贝村村委选举拉锯持续差不多一年,街道办也承受了上级的较大压力。这种形势下,现任派及部分村民继续以"先处理好4000万"再选举等理由回应选举中的猫腻,以期建立对自己有利的选举环境。

3. 政府的引导支持

政府的作用是创造一个能够协调合作的环境,使不同的利益代表围坐下来,它的角色是调停者、裁判员,而非运动员。前两次选举中,正是政府对自身角色把握不清,并试图对选举过程进行操作,使得选举工作一度停滞。欣慰的是,在第三次选举中,政府发挥了关键作用。夏都市委统战部有关工作总结写道:

> 2005年,夏都市委统战部和贝村结对子。市委统战部的领导就十分关心支持村的发展,连续3年选派优秀干部驻村,帮助贝村"两委"开展工作。市委常委、统战部长孔少琼同志对贝村倾注了大量心血。为了解村情,她多次到村开展调研,勉励村"两委"

干部积极干事、干净干事,为村的出路提出了许多好建议。她多次深入困难党员和群众家中进行慰问,给村民带来了党和政府的温暖。她多方筹集20多万元资金用于贝村的办公楼装修、办公设施购置、沟渠整治、村心公园建设等工程,改善村容村貌,加快贝村的社会主义新农村建设。除了关心村的经济社会发展,孔少琼同志还十分关心贝村的组织建设。党的十七大召开后,她给全体党员和村"两委"成员上了一堂生动的党课,这也为今年贝村的换届选举起到了统一思想、凝聚人心的作用。

方圆区委、区政府也对贝村给予了高度重视。区领导多次下村调研慰问,为村的发展提供支持。区委常委、组织部部长刘苑珊十分关心贝村的发展情况,想方设法资助该村购置办公设备。区通过实施"三个培养"工程,帮助贝村培养了一批年纪轻、致富能力强、有经营管理能力的农村后备干部。为帮助贝村加强班子建设,小谷围街党工委先后派出1名党工委副书记和1名办事处副主任在贝村挂职任党支部书记,重点加强村党支部建设。派驻的挂职党支部书记经常进村入户,多渠道多形式加强对"两委"干部和村民做思想工作,引导大家同心协力共谋发展。街党工委、办事处在贝村的环境卫生整治、文化体育设施建设和"创卫"等工作中,给予人力、物力、财力等方面的大力扶持,让贝村村民逐步恢复对村"两委"工作的信心。街党工委组织全街村"两委"干部,参加在新岛镇职中举办的农村干部经营管理中专班(学制3年),帮助村"两委"干部提高自身素质。在近期开展的思想大解放讨论活动,使村"两委"干部在思想上经历了一次大触动和大洗礼,更坚定了带领群众搞好发展的信心、决心和勇气。

(五) 贝村政治建设成果

贝村村委支委班子构成如图16所示:

第四章 重建中的村庄：城市？村庄？还是都不是？

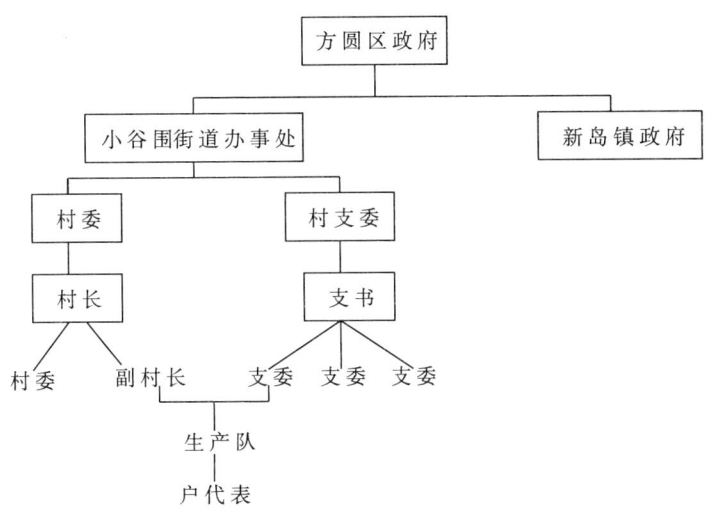

图16 贝村村委支委班子构成图

贝村村委支委具体职务分工等见表17：

表17 贝村村委支委具体职务分工等情况表

村委支委架构	姓名	负责工作	工资	备注
村长	邵庆祥	全面工作（另外负责国土规划、财政）	2250元（基本工资1600元，加交通补贴300元、电话费补贴350元等）	原生产队队长
副村长	邵健良	水电、水利、安全生产、经营管理	1970元（基本工资1400元，加交通补贴270元、电话费补贴300元）	
村委	邵岳	民政（生活、纠纷调解）、信访	1720元（基本工资1200元，加交通补贴250元、电话费补贴270元）	原生产队队长、环卫局职工（司机）
代支书	霍育兴		1720元	街道委派，同时任街道副主任

(续表)

村委支委架构	姓名	负责工作	工资	备注
支委（现为支书）	吴国亮①	党支部全面工作	1720元	
支委	邵锦勇	文教卫	1720元	
支委	何志安	治安、征兵	1720元	
出纳	邵凤珍			
会计	苏育芳			

注：另有四个驻村干部。

由于大学城征地拆迁与居民安置，使得现今村委有两个办公地点。办公地点之一在保留村，另一个在谷围新村。保留村村委所在地为原贝村小学，由于拆迁，学生大部分转往夏都石小学或岛外学校就读。留下来的原教学地点成为村委办公地。村委会位置相对较好，左侧为马路（大学城北三路），右侧为湛泉邵公祠，面对农贸市场和旧市场。两旁有十米高的大树，较为阴凉。村委会办公楼为两层楼房，一楼为警务室、外来人口管理服务中心和消防办公室，二楼为村委办公室、村计生协会、信访办公室和文化娱乐室。

村委支委一套班子，两地办公，每个星期周一、周五在新岛镇办公，周二至周四在贝村办公。村委与小谷围派出所双重领导下的治安队则长期驻村。

村委支委工作重点在拆迁前后发生一定程度的改变：原先更多是在农田水利方面的管理，拆迁之后外来人口增多，工作向治安、纠纷协调、卫生、环境等转移。现在村委最主要的工作是抓村经济促生产，提高村民对村委会的信心。村委工作在拆迁之后难度与强度增大。

村委隶属小谷围街道办，但是事实上他们既有合作又有冲突，合作

---

① 吴国亮为上一届村会计，其父亲也相当有名，在吴国亮之前，村里一直聘请其父亲为会计。可以说，他们父子对于村庄的事务是相当熟悉的。

主要体现在街道办以及更上层政府的"指示"与"关心"中，而冲突主要体现在村委为了争取村民利益（15%的村庄的预留地）与街道办发生矛盾。

村委村支委基本负责的是上通下达，并没有执法权，所以具体的行政执行基本都要通过街道办以及更上层政府来解决。村"两委"处于一个比较尴尬的位置：一方面他们代表了村民，一方面代表了国家权力对基层的把握。而这两者往往是存在一定冲突的，特别是村庄在大学城建设前前后后发生了这么多事情之后，村民对于政府以及村委的不信任，使得这个村的"两委"在对上与对下两方面都吃力不讨好。

对于现任村委，村民的指责依旧，或许正是"爱之深，恨之切"吧。有村民说，村委很不同心，甚至有人说六个干部五条心，其中副村长是村里的"黑色"人物，像黑社会头子。

村长的麻烦也很多。他所在的生产队队员不满，想把他从村长的职位上拉下来，原因是村长既是村长又担任了生产队队长。队员认为，既然做了村长就应该把位子腾出来给生产队的其他人，一个人不能占据两个位子；另一个原因是当年的征地补偿款，村长所在生产队有一部分尚未发放，队员不满。

村民对村支书吴国亮也不满。村民认为他之前是会计，对上届干部挪用公款一事非常了解，但是，他并没有将这些东西公开，为村民谋利益。村民坚持认为，应该查当时那笔4000万的款项，但是可能此事不太可能进行，据猜测（没有依据），"镇政府都可能染指，上面也有很多不干净的事实"。有村民如是说："（村干部挪用）我觉得这件事是镇政府跟村干部勾结在一起，要不这些钱村干部怎么拿出来啊？如果不是这样的话，这几千万你（村干部）肯定拿不出，因为镇政府肯定受贿了，碧桂园之前那两千亩（即先锋队的那些地）已经有受贿了。"另一个村民说："如果给他们评分，我觉得他们都不合格，说真的，这一届村委群众基础又不是很好，社会经验也不是很足，没有多少经济头脑，而且，我听到别人说，村委成员之间都不是很同心。"

村民的评价让我们觉得有点好奇，因为无论如何，这一届村委都是村民自己选出来的。但是村民们作了这样的解释："当时他们都有请吃饭拉票，而且在村里到处贴自己的政纲，村民自己也不知道选谁好，反正投票也就是为了拿点投票的误工费那样子，有的村民还让人帮自己写票投票。"

村民的上述意见表达证明其与村委之间的不信任依旧存在，村庄的政治秩序仍存在混乱，贝村秩序的重建过程，必定需要经历反复的试错与摸索。

三、村庄更新

贝村的终结应该划分为这样两个阶段。一个阶段是大学城建设开展并彻底摧毁村庄的封闭与有序。另一个阶段是大学城建设深入开展，为了协调岛内整体风格而对保留村提出的"旧村改造"。如果说，前面一个阶段是在经济等物质方面终结村落，那么，旧村改造则是希望在文化、传统等层面结束村落。这从政府给保留村作出的规划中也可以了解到：应该正确分析和判断形势，抓住发展机遇，迅速启动旧村改造工程，完成村民向市民、农村向城市、贫穷向富裕的历史性转变。①

毫无疑问，政府这种规划是用心良苦的，其目的无非是使得农村完成传统向现代的转变。但是，在大学城建设已经深入这一无可争辩的事实面前，对于政府的旧村改造规划，我们依旧可以提出这样几个问题：(1) 旧村改造是贫穷走向富裕的唯一途径吗？(2) 市民的生活是村民所需要、所追求的吗？(3) 甚至，政府规划是必要的吗？会不会是好心办坏事？

在资料搜寻过程中，一篇名为"科学规划保留村，使大学城整体建设全面提速"②的文章引起了我们的注意。该文说：

---

① 《小谷围旧村改造问答》，夏都市方圆区人民政府小谷围街道办事处，2005年5月。
② 见http://www.panyu.gov.cn/upload/resource/content/tongzhi.jsp?contentId=13046。

大学城一期建设工程已于 2004 年 6 月竣工，二期建设工程已经逐步展开，首批师生于 2004 年 9 月份已经进驻大学城，其整体风貌正在逐步形成，大学城渐渐成为夏都市一颗璀璨的明珠。然而，小谷围岛上保留着的南村、亭村、石村、北村的环境改造也已经势在必行。为保护大学城的环境风貌，使广大师生有一个良好的教学、学习和生活环境，并籍此契机改善、提高四个保留村原村民的生活质量，夏都市城市规划局方圆区分局依据《夏都大学城发展规划》及《夏都大学城控制性详细规划》，适时委托设计部门开展了四个保留村改造规划的编制工作，目前，一部分改造工作已经紧张而有序地开展。

我们考虑到了几个问题：改造政策为什么不选择保留独树一帜的保留村风貌？保留村环境就一定破坏大学城环境风貌，影响师生教学、学习、生活吗？政府规划涉及的利益相关人有哪些，他们对此有什么反应？

该文进一步提到：

> 规划从布局模式、建设模式和经营模式三个方面提出大学城四个保留村的改造思路。规划布局上，严格按照四个保留村的修建性详细规划的要求，采用周边商业、公园、广场，中央居住的布局模式，提高土地利用价值；另一方面，利用开通道路划分村民住宅，便于中、远期分地块、分步实施。在改造建设上宜采用"分期搬迁、滚动实施"的模式，规划利用现有空地，严格按照四个保留村的修建性详细规划方案，修建拆迁安置用房，解决因开通道路而搬迁的村民安置问题（起改造搬迁示范作用），搬迁建筑密度较小的地方村民住宅，腾出空地，而后依次类推，分期搬迁，滚动实施。从经营的角度看，四个保留村的改造应体现"拆迁安置、招商引资、统筹兼顾、综合平衡"的模式，由村民股份合作公司对土地使用权出让金、地价升值受益资金和经营性产业进行统筹兼

顾、综合平衡和管理。

从这里也可以提出这样一个问题："拆迁安置、招商引资、统筹兼顾、综合平衡"模式背后到底涉及哪些利益博弈，在这里，谁将会是利益受益者，谁会是受损者？《南方日报》的一篇名为"脱离农业从事第三产业，大学城周边4村居民不再'耕田'"① 的文章则是这样写的：

> 4个保留村的改造规划将结合大学城功能需求，形成功能互补的用地布局。在互补、共用的基础上，完善配套公共设施，将村镇规划成为高档次、功能合理的新区。规划将完善新区公共服务设施，合理地布置学生、教师公寓，并设置了和学生、教师平常生活密切相关的基层公共服务设施，例如文化娱乐设施、车库、零散商业等，形成合理的基层服务网络。规划改造的最后目标定位是：保留村向现代化、城市化方向过渡。

在政府的政策规划之下，带着以上的问题，我们再来看这个艰难成长的新社区。

（一）旧村改造

旧村改造是政府话语中贝村走向终结的重要一步。按照政府的定义，旧村改造也就是"城中村"改造，"通过'村改居'，取消村委会，设立居委会，村民由农民转为城市居民，土地由集体土地转为国有土地，把落后的'城中村'改造成现代化的新社区。"② 政府认为，旧村改造是"改变旧村面貌的需要，是发展集体经济，提高村民生活水平的必然出路；是大学城总体规划的重要内容，是推进农村城市化进程，丰富大学城整体功能配套的需要，也是大学城建设的必要的完善和补充"。③

---

① 见http://news.sina.com.cn/o/2005-10-25/09267260331s.shtml。
② 《小谷围旧村改造问答》，夏都市方圆区人民政府小谷围街道办事处，2005年5月。
③ 《小谷围旧村改造问答》，夏都市方圆区人民政府小谷围街道办事处，2005年5月。

据小谷围街道办事处 2005 年 5 月向村民派发的《小谷围旧村改造问答》，旧村改造按照以下步骤推进：贝村村委北面的旧小学山岗 22280 平方米的空地上，将建 6 栋 192 套安置房，安置西面附近拆迁居民。然后，在拆迁腾出的空地上建设 4 栋 128 套安置房。再在经拆迁后腾空的土地上，建设剩余的安置房，被确权办证后，通过市场转让回笼拆迁建设资金。最后，规划中的商铺、公寓建设项目开展对外合作，所得收益为村集体收入，归全体股东所有。

从上面的文件可以看出，6 栋公寓楼的建设是旧村改造的重要内容。方圆区 2005 年 9 月 13 日印发了《关于建设 6 栋村民住宅楼的通知》①，通知上说，按照《夏都大学城贝村保留区修建性详细规划》，街道办事处计划垫资 3000 万元作为建设启动资金，在贝村旧村委北侧建设 6 栋村民住宅楼（192 套住宅）。该楼产权、经营权以及收益归村集体所有，可以出租、出售，也可由村民自购（购置方法由村民自行决定）。

从这两份文件中可以看出，政府的主要目的是为了让村民"建楼、上楼、离屋"。在《小谷围旧村改造问答》中，政府还为村民算了这样一笔账：

> 旧村改造房屋拆迁由村集体补偿给个人，补偿标注建设与前提大学城房屋拆迁补偿标准一致，即：房屋拆迁补偿标准由最低砖木结构 400 元/平方至最高的框架结构 850 元/平方，为了保障村民的利益，还另外奖励 600 元/平方，并按在册人口算，每人奖励 2 万元。
>
> 现贝村保留村居住入册人口 706 人，现居住户数 265（面积约为 5.3 万平方米）。按规划，共计有村民安置住宅建筑面积 7.68 万平方米，共 640 套；商铺建筑面积 2.94 万平方米；学生公寓建筑

---

① 《关于建设 6 栋村民住宅楼的通知》，方圆区人民政府小谷围街道办事处文件，谷国街（2005）34 号。

面积2.6万平方米；公共建筑面积2.26万平方米。据初步测算，仅村民安置住宅一项，便能取得改造资金的平衡，并可做到有所结余。其具体数据如下：

在支出方面，建设住宅成本约9216万；拆迁补偿6092万（人均拆房面积按55平方米计算），总计1.5308亿。

在收入方面，将3.9万平方米安置房出售给村民，按成本价1200元/平方米计算，回收资金4680万。收支相抵后，结余为负1.0628万。如果把剩余的3.78万平方米安置房投放市场（需补交土地出让金及税费1134万元），只需卖到3100元/平方米，便可回笼资金1.1717万，基本做到收支平衡。按照我们与各大学商讨的结果，实际可卖到每平方米4000元左右，若如此，出售多余的安置房扣除成本可结余3402万元，成为村集体即时的收入……

在采访的过程中，村民这么说："建，我们当然不同意了，政府想赶我们上楼而已，以后我们这些房子就会被拆。"同时，村民敏感地意识到，旧村改造最后还是在用村民自己的钱改造。既然如此，那么，旧村改造何不"把我们现在的屋子重新装修漂亮一点呢"？一位村民如是说。

我们发现，村民不愿意上楼也有另外一方面的考虑，即个人或者家庭空间可能缩小。按照安置房的规划建设标准，安置房为一梯四户、八层带电梯的设计。部分村民认为这样会造成个人生活的不便。同时，村民家庭之间的空间压缩了，楼上楼下，可能会产生一些矛盾，譬如说噪音或者垃圾。另外，我们在新岛镇的时候发现，原先计划的给村民的1200元/平方米的居民房，最后的价位都远远超出了原计划。据"大胆小吃店"店主李大爷介绍，现在有一部分村民已搬迁到新岛镇的移民新村，剩下的留住村民则普遍反对建设小区。他说：

政府规定进小区买房的价格为1200元/平方米，这太贵了，我们可能无法支付，而即使买了房可能也无法支付物业费、卫生费等。还有房子,不要建八层那么高,四五层就好了,不想用电梯,用电梯又要另收电梯费,负担不起。

或许,政府的设想是好的,但是否能实现呢?我们不得而知。如果安置房没有能够像政府计划的"如果"、"若如此",全村将承担巨大的债务,到时候谁来承担这些风险呢?

表18 政府为贝村设计的改造方案

	成本	收益	个人收益	
建筑住宅 (3.9万平方米+ 3.78万平方米)	9126万元	4680万元 11718万元 15120万元		
拆房补偿	6092万元		6092万元/706 人=8万多元/人	
前两项收支	15308万元	16398万元 19800万元	10000多元 约12000元	
学生公寓、 商铺	6480万元	1344万元/年	5040元	5年回收成本
公共建筑	未计算	未计算		

在街道办印发的《关于建设6栋村民住宅楼的通知》中,街道办明言:建设资金来源是街道办事处垫资。村民委员会在"汉唐证券"的"4000万元"如不能追回或部分追回,追回的款项与街道办事处垫资的3000万元相加不足4000万元的,街道办事处将不收回垫资的建设资金;超出4000万元的,超出部分的差额归还街道办事处。

两份文件相去只是几个月,其后,2006年10月26日,街道办事处又印发了《关于建设 6 栋村民住宅楼的补充通知》[①]。文件再一次强调区政府对该项目的关注与支持，文件称：

> 为进一步落实《关于建设 6 栋村民住宅楼的通知》精神，消除部分村民的忧虑，区政府加大对该项目的支持力度，若该项目在近期开工建设，超过 3000 万元以外的基建工程建设费用将由政府垫资解决，以保证 6 栋住宅楼按规划设计完成建设并交付你村使用。

2006 年 10 月 17 日，贝村村民委员会收到街道办事处正式通知，要求在月底表态是否建设住宅楼。根据村"两委"和生产队长会议决定，2006 年 10 月 31 日将进行户代表投票，作是否同意建设的表决。

投票时间安排在 31 日的上午 9 点到下午 2 点，以生产队为单位，在各个生产队进行投票（无记名投票）。会场安排如下：

第一会场（光明队）：光明队队址
第二会场（文明队）：文明队队址
第三会场（青云队）：青云队队址
第四会场（前进、东风队）：谷围新村双桂园一街一栋地下
第五会场（南一、南二）：谷围新村南步会所
第六会场（大一、大二、先锋、红星、红旗队）：谷围新村村委办公室

投票结果如下：
总户数：967
发出选票：941

[①] 《关于建设 6 栋村民住宅楼的补充通知》，方圆区小谷围街道办事处文件，谷围街（2006）64 号。

回收选票：933

其中：赞成 336　反对 485　弃权 61　作废 51

可见，赞成的票数比例是非常高的。经过调查，我们发现有以下原因促成表决结果。

村民内部是分化的。旧村内部，贫困户、部分老年人倾向于建楼，原因是可以拿到个人两万元的补偿以及房屋补偿，中年人则普遍倾向于反对。在调查的过程中，一户人家可能在投赞成票与反对票上面就存在不同的取向，家里老人和年轻人的选择可能是不同的。此外，新村和旧村取向不同。新村居民认为，既然旧村的改造和当年搬迁的条件是一样的，为什么需要离开世世代代居住的土地入住这些存在质量问题的房屋？因此很多新村居民是反对建楼的。

票决之后，居民住宅楼的建设继续搁置，旧村改造举步维艰。如今，大部分村民认为这片土地任由其荒废不好，倒不如用于商业开发，增加集体分红。经过了村庄巨变的农民们变得"聪明"了，他们更加理性，他们关注现在，更关注未来。而政府方面必须考虑的是，如何通过其他方式或者途径来完成旧村改造。

（二）谷围新村

谷围新村是规划的产物。

谷围新村处于新岛镇通往化龙方向的两镇交界处的北约村。走进谷围新村，会惊叹两件事：第一是行政力量的伟大，第二是群众的创造性。

谷围新村有两种类型的住房，价格为 1100 元/平方米的公寓式住宅和价格为 1443 元/平方米的别墅。很难想象，这样一个偏远之处居然隐藏着一个规模如此浩大的建筑群。坐车进入谷围新村，进入视线的依次是：规模不小、校舍漂亮的新岛镇中学，人工河和亭子，杂乱不堪的谷围新村市场，整齐漂亮的居民楼。一栋栋别墅式的住宅，宽敞的马路，完善的生活配套设施，使谷围新村可以和很多高档居民小区媲美。

在那么短时间内能够将规模如此大的住宅区建设好，在那么短时间内能把如此多强制拆迁户搬迁到这里,在那么短时间内能够让这么多农民没有土地也能安定地活……这一切都诞生于一种力量,那就是中国大政府的"调控力"。在一份《城市扩张与失地农民出路问题调研报告》①中,有几个统计数据值得注意,见图17:

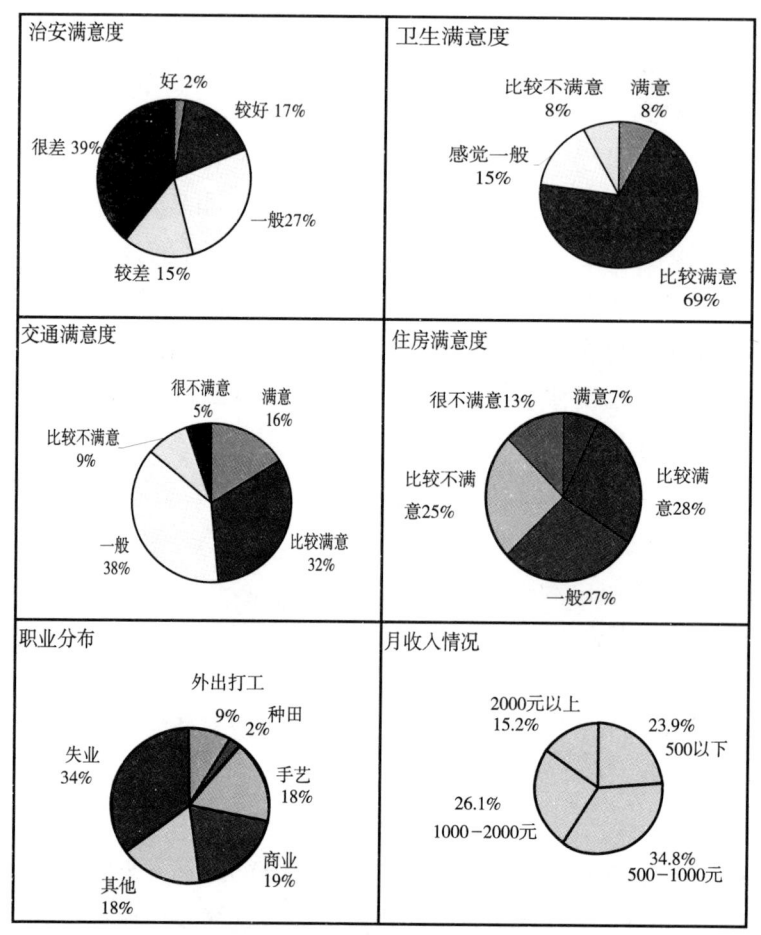

图17 谷围新村居民生活情况调查统计结果

注:调查群体为谷围新村所有居民,即包括大学城原几个行政村,不单针对贝村。

---

① 陈伟东、黄思君、李丹、杨肖玲、张传爱、张佳贤、郑景炼等:《城市扩张与失地农民出路问题调研报告》,2005年。

从以上数据可以发现,就治安方面,谷围新村的居民和旧村村民一样留恋以前夜不闭户的日子;卫生、交通情况满意度比较高。这也是我们在调查过程中能够深刻体验到的。住房满意度较低也可以理解。在我们调查的过程中,村民不无怨言地向我们展示已经出现裂纹的墙壁和掉落的瓦片、漏水的房顶。

而在职业分布上面,传统的职业类型,即种田和手工艺(主要是珠绣)依旧占据很大一部分。我们注意到,失业比例高于任何一种职业类型。调查数据显示,超过一半的居民月收入在1000元以下。以上的数据和我们实地调查是很符合的。

此外,我们发现,改变了生活条件的村民并没有改变生活习惯。谷围新村的一些别于高档居民小区的特色布景真实反映着中国特色的乡土味道。在小区内,许多商铺大门紧闭。据一位阿婶说,在这里有很多人失业。小区内原来的小花园、草坪都被开辟出来种了很多瓜果蔬菜,看来这群洗脚上田的农民总是"本性难改"。

我们去的时候是周末,小区内却家家关门闭户。迁出的村民之间还保持原有联系吗?还是已经和城市里一样家家关门闭户互不认识?那位阿婶告诉我们,他们仍然与原来的街坊保持着联系——包括目前仍在大学城中的——左邻右舍之间也相互熟悉,关系还和睦。家家关门闭户加上少有人活动是因为这个时候很多人都在家里绣珠绣,甚至一些孩子放假在家也必须绣花。事实上,农民并没有因为迁至这个漂亮的小区而变成城里人,在生活细节上,他们仍然是小谷围的村民。他们保有原来的人际关系网络和交际方式。

他们的行为、生活细节,甚至思维方式都还是小谷围村民。如果说变迁赋予受冲击的群体学习的机会,那么,从外嫁女问题上,我们可以看到很多村民仍然没有得到学习和知识的提升。他们并不认同法律,仍然是从原来认定的道理去思考。他们都认为外嫁女分得村里集体财产是不可理喻的。而对法律的相关规定,村民们的思维定势是"他们说(官方)"。

（三）村庄更新的效果

对于村庄更新的效果，需要从纵向时间和横向空间对比的角度进行度量。从经济、政治、社会方面，通过村庄改造前与改造后的纵向时间对比，我们可以形成对村庄更新的整体评价；通过保留村与谷围新村的横向空间对比，我们可以形成对就地改造和异地搬迁两种村落更新方式更为客观的认识。

1. 纵向时间对比

表19为纵向变迁的概况。

表19 贝村纵向变迁情况

	大学城建设前	大学城建设后
人口数量	2400人	800人左右的保留人口，其余均迁往新岛镇，另有外来人口1500人左右
占地面积	4000余亩	180亩
村民主要经济来源	农业种植为主，手工业和副业为辅	1. 珠绣等手工业 2. 房屋租赁 3. 青壮年劳力在大学城内就业，主要从事园林工人、保洁等后勤服务或外出打工
居民社会角色转换	农民	打工阶层等市民或"半市民"
村民收入（个案访谈）	邵姓夫妇	
	种地和副业收入2万—3万元/年	征地补偿款5.7万/人（一次给付） 养老保险450元/人/月
	潘先生	
	村中监工2500元/月	村里保安800元/月
基础教育	儿童就读于村内小学	村内小学撤销，四个保留村的学生集中到贝村外的另外一个村上学，距离较远
住房安居	住在自家建的房屋	未来将入住安有电梯的高层村民公寓，大概1200元/平方米

(续表)

	大学城建设前	大学城建设后
治安情况	村民相处和谐、治安良好	外来人员流动频繁，偷窃、打架斗殴等扰乱村民正常生活的情况时有发生，目前村民成立了保安巡逻队
村内卫生和规划	村庄里面村道狭小，房屋的修建也缺乏合理的规划，同时村庄中的排水通道多为露天的水渠，较脏	由于村内面积变小，导致村内卫生状况恶化，但即将进行进一步的村内区域规划以协调整个大学城的现代化风格
文化氛围	传统农业文明	与大学比邻，村里增加了现代科学和文明教育的氛围
交往活动	交通不便，以村内交往居多	道路修到了村口，接受信息量增多，各种社会交往频繁

(1) 经济方面

职业非农化，稳定性降低。贝村在改造之前是典型的农村经济，据调查，86.5%的人以耕田和养鱼为业，其他均为在外务工；政府征用了村民土地之后，相关部门曾与小谷围各个自然村协商好，尽可能地雇佣本地居民到一些不太需要技术的工作岗位上，例如园林工人、清洁工等。迫于生计，村庄里面的绝大部分年轻人都到夏都市区、方圆区市桥等经济比较发达的临近地区打工。而年纪比较大的村民，例如邵老伯夫妇，只能依靠政府发放的养老金生活，有时候也会做一点珠绣等简单的手工活补贴家用。从整村范围来看，职业以散工为主（如摩的），占67.3%，从事由政府、高校等提供的固定工作（绿化工和保安等）的占15.4%，务农、个体经商等比例较低。不同于农耕经济的稳定、有章可循，村民现在从事的工作如开摩的、做绿化等都很不稳定，原因在于每逢节假日，尤其是寒暑假，大学城便如空城一般。再加上这些工作岗位都很有限，而村里需要工作的人太多，同时外来务工人员凭借其在劳动能力和期望薪酬方面的优势，在很大程度上取代了贝村原住民，竞争比较激烈。

收支趋向不平衡，社会分化日趋明显。村庄改造之前，村民们主要从事农业劳动。家家户户都利用珠绣获取额外收入，只要吃苦耐劳肯干都有相对稳定的生活保障，村民之间的生活水平都大致相当，贫富差距不明显。邵老伯介绍说，他们每年的蔬菜和水果种植能赚2万—3万元。家庭支出也比较稳定，孩子上学可以到村内的小学，除去必要的日用品，粮食、蔬菜等都可以自给自足。

不过这已成为过去。改造之后，尽管大学城的建设带来了一个巨大的高校商圈，但除去有限的工作岗位、房屋出租等收入途径，村民并未得到"近水楼台先得月"的收益，相反，在与外来经商人员的竞争中他们败下阵来。珠绣，以前村民的主要收入来源之一，也在激烈的市场竞争下前途未卜。家庭支出也骤然增加，失去土地就意味着村民的日常生活支出增加，贝村小学的拆迁使得村里的适龄学童都要到别村去上学，而择校费、交通费等又是一大笔不可忽视的开销。有位村民算了这样一笔账：

> 由于大学城的进驻，农田被征用，以前可以自给自足的柴米油菜现在都要购买，物价也远比大学城之前高，原先家里每个月尽管收入不到1000元，但是支出却只要300元左右，现在月收入（其中房租200元，妹妹参加工作每月获646元，村民每个月集体分红25元）加上老母亲的保险金尽管有1000多，但是支出却差不多要800元。

市场经济下，面对多元的盈利渠道，大多数村民却是心有余而力不足。尤其在新村，不同于旧村村民有租金可收，且地处农村深处，村民没有田地，日用品、医疗费用等都很高，贫富差距凸显，社会日趋分化。

（2）社会方面

从调查情况可见，大学城的建设使得贝村的交通条件得以改善，村民的业余生活也趋于丰富。大学城的建设，推动了公共交通的更大范围覆盖，村民出行更加便利。在旧村，道路建成了水泥路，出行方便很多；在新村，交通状况也大有改善。而在以前，村民都居住在岛上，道路很少有水泥路，出岛很不方便，与岛外的联系也不紧密。同时，广场、公园、酒吧等休闲娱乐场所的出现为村民提供了一个城市般的休闲环境，开放的环境、多样的选择极大地丰富了村民的业余生活。

但是，村民在教育、环境、治安和邻里关系上的满意度却较之前出现了不同幅度的下降，治安下降尤为明显。在大学城建设之前，贝村作为小谷围岛上的一个自然村落，相对处于一个较为封闭的市郊区域，与外界交往较少。加之贝村之前一直是以农业和手工业作为主要的经济来源，所以相对夏都市区的很多区域而言，经济并不十分发达，村民平均收入低于方圆区平均收入，村民基本处于自给自足的状态。此外，当时贝村也没有工业生产和以服务业为主的第三产业，所以几乎没有外来务工人员进入。因而几百年来，贝村的民风一直较为淳朴，治安良好，是一个较为典型的中国农村村落。在大学城建设过程中以及大学城基本建设完成之后，贝村周围发生了翻天覆地的变化，小谷围迅速成为现代化大学城，而贝村本身也经历了这次洗礼。大批外来人员，包括学生、外来务工人员和经商者涌入贝村，使贝村的人口结构从单一的村民变成了较为复杂的多重人口结构，人员流动性明显增大，贝村的治安状况在大学城建成之后也开始变化。村民反映，偷盗案件较大学城建设之前明显增多，村民和外来人员之间也时常会有一些小矛盾，进而增加不和谐因素。一位于2004年底来大学城经商，现租住于贝村的姚小姐（20岁左右）告诉我们，她晚上回家后一般就不敢再独自出门了。这样的描述我们也多次在贝村的妇女村民中听到。不过，当我们问及大学生和一些经商者是否对贝村的治安造成不良影响时，村民基本上都认为没有，还说大学生一般都很友好，他们很欢迎这么多大学生来到这里。

教育的满意度下降也是有理由的。以前，岛内的贝村有小学和中学，上下学非常方便，而且费用不是很高（不用校车接送，也不用住宿）。但是现在，作为南方省"文化大省"标志性建设的夏都大学城，有十所大学，却仅有一所小学。四个保留村的孩子们上幼儿园、小学、中学都必须到很远的岛外去。大学城园区建设起来了，教育文化气氛浓烈了，但是保留村内的孩子们却仍然被隔在这些没有围墙的大学之外。

他们没有权利与这些大学分享公共设施，甚至在心理和意识上，他们也属于另外一个不同的接受基础教育的群体。保留村和高校间共融的景象离人们的想象似乎还比较遥远。

从邻里关系来看，村民之间的疏离感逐渐增强，以前的熟人社会正不断向陌生人社会转变。贝村的更新分为旧村和新村两部分，这种强制性的分离也割断了村民之间原本密切的联系。尽管新村有村民表示仍然同旧村的人有来往，但必须承认的是随着市场化、城市化的不断推进，村庄的乡土气息会愈来愈淡薄。

环境卫生方面，村民满意度的下降主要源于旧村非正规经济的发展和有效管理的缺失。大学城巨大的商机吸引了来自各地的外来人口，他们多从事摆摊等非正规经济，小本经营使得他们很少顾及环境卫生。同时，村庄卫生管理的不规范进一步加剧了环境的恶化。

总的来说，相比大学城建设之前，村民在生活方面的满意度趋于下降，这在很大程度上与管理失范是分不开的。

（3）政治方面

关于政治方面，我们从访谈中了解的内容比较少，一是因为村民对这方面比较敏感，不愿意多提及，另一方也因为相比政治，村民更关注的是自己的生活，很多村民在访谈中都提到，不论谁是村干部，只要大家有钱分都行。

总体来说，贝村新村和旧村村民对现任村干部都还是基本满意的。

与贝村水果铺大叔聊天的过程中他就提到，现在有什么事情村里面都会及时贴出公告，提前通知大家，不像以前村里做什么事情大家都不知道，感觉像偷偷摸摸的一样。这一点我们在新村调查的时候也有直接体会。在贝村村委会旁边树立着一块大大的公告栏，内容从村里的收入支出到村干部工资，从村里之前集资建立祠堂的情况到最新的政策一应俱全。所以，政府透明度较高也是部分村民对政府较满意的重要原因。

我们发现，2008年新选举出来的村干部和上一届相比，只有村委书记和村支委的人员位置进行了对调，其他人员都没有发生变化。可见大家基本上还是认可这一套干部的工作的。并且，很多时候村民认为只要能让自己得到更多分红、经济上更加充裕的干部就都是可以接受的。而在这一点上，这一套班子的作为总体上还是令人满意的。每个入股的村民现在每年至少能拿到600多元分红，比贝村刚刚拆迁时好了很多。并且与前一届贪污4000多万元的村干部相比，这一届村委会廉洁透明的形象使得他们加分不少。

2. 横向空间对比

我们的调查显示，新村对现在生活的满意度大大低于旧村。一方面，旧村借助地理优势，可以利用房屋出租、开摩的、摆摊等方式赚取额外收入，因此旧村居民收入普遍高于新村。另一方面，新村在强大的行政力量作用下匆匆地拔地而起，华丽的外衣却掩盖不住未老先衰的景象：房屋建筑质量极差，诸如房顶漏水、有裂纹、屋顶栏杆脱落等问题层出不穷，而这距离他们搬入新居还不到五年；娱乐生活极其匮乏，新村就像一个孤岛一样被建在陌生的地方，没有土地可耕，没有工作可做，没有村口那棵大树的树荫提供日常交流的平台，新村村民的精神生活极其空虚，"乡土情结"不断加深。正所谓"人比人，气死人"，新村村民较高的不满意水平在很大程度上也是与旧村村民比较的结果，尤其是经济方面的不均衡。

四、没有边界的社区：外来人口的进入

贝村曾经是一个相对封闭的村庄，属于非常典型的传统社会，有着以下特点：人口结构简单，基本上是原住村民；经济结构单一，村民普遍以耕种为主业，珠绣为副业；社会流动不明显，除了小部分成年劳动力外出从事运输、装修的行业之外，其他村民都非常稳定；社会网络简单，社会组织以家庭、家族为核心，社会关系以血缘和地缘为基础。由于当时村庄自给自足的经济状况，加上"孤岛"的地理位置带来的交通闭塞，流入的人员非常少，当时村里的外来人员只有一小批广西人，他们租用村民的田地和池塘劳作，就在劳作地点附近搭棚居住。

(一) 贝村特殊的社会流动

贝村这种稳定的人口状况被大学城建设计划打破,其社会流动也表现为两方面:流出和流入。

第一,征地拆迁阶段,大部分村民搬离贝村小谷围原址,迁往新岛镇谷围新村。从本村村民的迁居情况来看,贝村的社会流动具有特殊性。首先,在征地拆迁过程中,村民大量从贝村原址迁往新村,这是集体性、强制性的迁移。其次,村民虽然是迁移出原村,但只是相当于迁到了另外一个由政府构建的"新贝村",严格上并不属于社会流动。再次,除了在征地过程中政府主持的统一搬迁之外,保留村村民即使失去了耕地,也没有出现寻找新就业形式的村民外流。按照村民的说法就是,"要出去的早就出去了",不出去的也不会因为失去耕地而出去。原因很简单,村民说"耕田的农民走不远",从事其他职业需要文化,这是他们真正缺少的。即使土地没有了,还有保留村里面的房屋和土地租金可以维持生活;即使房屋也没有了,还有附近高校提供的就业机会;即使得不到这种机会,他们还有征地款可以支撑一段时间。

第二,大学城建设过程中和建设之后,大批外来人员进入贝村保留村。此时的外来人员分为两种,一种是大学城建筑工地的工人,由于当时工人的宿舍严重缺乏,相当一部分工人被安置到附近的保留村居住,而贝村就是分流 S 大学和 W 大学两个工地工人的主要居住点之一;另一种是为抓住大学城这个潜在需求市场而来到贝村从事商业经营的外地人。我们下面将着重对从事商业经营的外地人进行讨论。

(二) 外来人口的"非正规经济"

一所万人高校的经济文化辐射半径最少要在大学城的边缘再向外延伸三至五公里,其所形成的高校商圈蕴含着巨大的商机,特别是服务业的发展,必然带来数量巨大的就业岗位和创业机会,推动周边就业市场的发展。夏都大学城坐拥数十所大学,高校商圈的潜力不可小觑。巨大的利润引力打破了社区封闭的边界,大量外来人口涌入,从事经营活动并在这里生活。他们因为商机而来,也随时因为经营利润过低而离开,或者市场饱和而退出。所以,外来人员对贝村和村民没有很强的认同感，他们始终无法把这里当作一个"家"，而只是一个暂居地，因此就会由于种种主观或者客观原因留下或者离开。

外来人口数量几乎占据贝村新社区人口的半壁江山，这样庞大的群体，对于贝村的影响不容忽视。我们把这种影响归结为：贡献与破坏共存，非正规经济与正规经济共生。外来人员的贡献主要表现为各种服务提供以及导引村民商业观念崛起两个方面；而破坏则源于其商业行为——非正规经济。

由贝村村民所主导的正规经济主要是土地与住房的出租。目前两者都属于政府认可的范围，统一归政府设立的外来人员管理中心管理，包括外来人员管理与出租屋管理。这些住房是村民原有住房，这些民居在建筑时并没有通过建筑监理，但是在出租屋管理中，它们都有政府审核，这些不正规的建筑由法定程序变成了正规的住房。另一方面，随着各大学校区投入使用，大批的学生、老师需要配套服务提供者。这两个庞大的消费群体支撑起了庞大的市场，大量外来人员涌入大学城，为这些群体提供消费服务，为弥补正规经济供给不足的非正规经济陡然崛起。在贝村，小食店、酒吧、农贸市场、影吧、出租屋、药店、理发店、旅馆、服装店等迅速出现，这些店铺一般没有工商执照和卫生许可执照。

贝村的流动摊贩绕着外围的食街四处安家。这些摊贩也都没有经营许可执照和卫生许可执照，产品的原材料由自己购买和加工，需要经常性地和工商城管等部门打"游击战"，但是村委会每天收取这些摊位一定的"租金"。由于这些产品价格低廉而且口感相对较好，受到大量学生的青睐。

贝村还有另外一类摊贩，它们主导了贝村的夜市，即烧烤一条街。这类摊贩更多是固定的，他们构成整条食街的主体，经营的种类包括正餐、夜宵，其中最多的是烧烤。食街档口部分的摊贩是拥有营业执照的，但是基本上都没有卫生许可执照。这些摊位需要向村交纳每晚30元到60元不等的租金，同时，一个月还需要向档口所在土地的原主人交纳房租。这些土地事实上已经被征用，但因政府规划尚未实施而闲置，原主人则借机占用这些土地用于出租。

由于学生向媒体报料，当地媒体开始报道贝村烧烤一条街的情况，给当地城管、村、学校都造成了一定压力。在这种情况下，2007年4月20日，相关单位和部门——W大学保卫处、方圆区城管委、贝村村委在贝村共同商讨处理方案，确定了"与政府合作，把窝棚改造成商铺"的方案。即与政府合作，将贝村的窝棚进行清拆；在不越过马路的情况下，围着北三路和中四路建造一系列商铺，将贝村村民"变成"商铺老板。这样一来，既保障了村民的经济利益，又兼顾了环境的美观。同时，将商铺"合法化"，对符合规定的店铺颁发经营执照，规范其经营。方案初步决定于2007年5月份开工，8月份完工。①

此方案执行初期，尽管城管方面对摊位进行了强行拆除（见图18），但是，城管离开之后，这些摊位又死灰复燃。随着夏都市创建卫生城市活动的开展，小谷围街道办事处也投入到"创卫"的浪潮中去，方案得到更有力的执行。所有的摊位一律被拆除，并在原地建起了商铺。

图18　临时摊位被拆除

---

① 见http://www1.gdufs.edu.cn/gwbwc/gwbwc/gzdtc.php?id=85。

事实上，这些烧烤档口的存在是多方利益合谋默许的结果。档口租金是贝村集体收入的主要来源之一，出于利益考虑，贝村村委自然不会自断财路，对上级要求进行整顿的政策则采取"虚假执行"的策略，甚至反抗执行。下面一则新闻反映了村委与小谷围街道的矛盾。①

贝村村委会：不会拆，一切不会变
贝村村委会一名副书记明确向记者表示，微博上的传言和某些店主的传言都并不属实，不仅贝村不会拆，广场上的临时商铺也不会拆。

"我们只是前几天发布了一则招标通告，将贝村广场上的临时商铺进行招标，希望寻找到一个总承包商将这个广场上的商铺打包承包出去。"这位村委会负责人告诉记者，这个广场一直由村里自己挨户收租，这样"一对多"太麻烦，近期他们招标希望能一次性租出去给总承包商。据介绍，目前村里已将广场租给了一个总承包商。"总承包商来了后这些商铺将继续存在，只是档主直接交租给承包商，其他的都不会改变。"村委表示。

街道：拟拆掉建两层楼平房
但是，记者从方圆区小谷围街了解到，贝村拟在其村邵氏祠堂前的广场建设商铺。经过核查，贝村广场（邵氏祠堂前的广场）占地面积近2000平方米，由村民委员会出于发展村级经济的目的准备开发使用。广场目前为临时摆卖点，秩序乱、卫生差，在多次检查中都因严重影响市容市貌，亟需进行综合整治，此次村两委为了达到入室经营、规范市场的要求，拟在广场建设两层平房，现正在进行办理有关手续。

利益的博弈不可避免会导致腐败现象。临街摊贩的存在尽管政策上不合法但事实上却合情合理。而城管和工商部门对档口的管理仅停留在

---

① 见http://www.dxcjjzx.com。

查看经营是否占用公用通道和马路,除此之外便"睁一只眼闭一只眼"。官方的合谋默许、商贩的游击经营、学生的消费需求,这三种力量使得这些临街摊贩如牛皮癣般难以根除。

五、他们眼中村庄的未来

在贝村这个被强大公共工程所左右的村落,它的未来究竟会怎么样?我们尝试从不同群体的角度来寻求对于这个问题的答案。

(一) 村民眼中的村庄:未来的家园?家园的未来?

这里曾经瓜果遍山,民风淳朴,自给自足,乐业安居;

如今,新人换旧人,家园破落;

这里,是他们未来的家园?抑或只是家园的未来?

元末明初,贝村的祖先为了逃避战乱来到这里,建立起这个背倚山的小村庄,此后村民一直过着封闭的相对富足的农耕生活。直到2003年3、4月,夏都大学城征地拆迁正式动工,这种封闭和稳定被彻底打破,大部分的村民搬迁到新村,大部分的村庄土地被征用,所有的瓜果农田变成了S大学和W大学的教师和学生公寓楼以及公共绿化用地,只剩下青云、荣阳、康衢180多亩的土地和房屋作为"保留村"而得以继续存在。

家园破落,但是终究是家园。无论是搬迁到新岛镇新村还是留在保留村的村民,尤其是老年人,对贝村宁静的过去都十分留恋,即使现在只剩下保留村,村里新人换旧人,变得连自己都觉得陌生了,他们还是认为这里才是他们真正的家园,"龙床再好不如狗窝"。

一位大爷向我们叙述道:"我现在都60多岁的人了,基本上从来没有离开村庄。生在这里,长在这里,以后可能死也是在这里。大学城进来之前,60多年来,基本上都是平平淡淡,生活也相当舒适,每年还可以参加村里组织的旅游,不过,这三年多以来的变化实在太大、太快了,而且,我现在都不知道,也想象不出来以后还会怎么变。当然,我打心里希望村庄以后会变好。我不知道做一个城市人是不是我想要的,我也不知道城市人的生活是不是我想要的，但是，我可以感觉到，我的骨子里是一个农民……"

无论在保留村还是在新村，都能够看到些许村庄原来的痕迹。新村是按照现在流行的别墅小区规划建设的，但是处处可以看到村庄的影子，比如很多人家门楣上贴着的象征祝福的镂空黄纸片，跟保留村人家的习惯是一样的；比如说新村别墅门前用于栽种盆栽的小片土地都被主人种上了瓜菜水果。我们在新村访谈的时候遇到一位老婆婆，她的丈夫就赶在大学城建设砍伐之前把一棵芒果树移植到新居门前。这种对于农耕生活的追忆并不完全源于留恋和惋惜，或许更多来自对失去赖以为生的土地的不安。

正是由于村民对于以前的生活方式久久不能忘怀，导致他们难以回到现实，直面新的生活。村民并不积极寻找新的劳动生产方式，也不主动适应变化了的环境和村里的新面孔——外来人员和学生，而是过多地停留在对过去的追忆和对造成变化的人和事的抱怨里。外来人员进入之后，给原住村民带来了一笔相对稳定的租金收入，大多数村民便把这笔钱作为家庭的主要收入。他们没有发现大学城建设中和建设后给周边村庄带来的商业机会，转眼间，贝村的各行业市场几乎已经被外来人员全部"垄断"，但是他们不紧不慢，依然过着农民般自由散漫的生活，他们也不嫉妒，只要能够达到务农时代的生活水准便十分满足。

2005年中期，贝村要"规划整迁"的计划提出来，这个计划在当时而言还是过于仓促，因此还没有引起很多人的注意就无声无息地消失了。2006年末，一个较为现实的计划被提出来，就是在保留村周边某地点建6栋公寓楼，把保留村内的村民全部搬迁进去，而贝村保留村则作全局规划以便将来全部用于商业用途。这个"6栋楼计划"一提出来就遭到大部分保留村村民的反对，首先他们认为这样无异于"第二次征地"，政府让他们遭受两次征地搬迁之痛，还不如索性2003年的时候就整体搬迁；其次，由于2003年征地赔偿不到位和预留地的承诺迟迟没有得到兑现，村民对政府已经丧失了很大程度的信任，"第二次征地"政府能否制订出合情合理的补偿条款，条款又是否可以得到切实履行，是村民极不放心的问题；最后，也是最重要的一点，对于农民来说，土地是最能带给他们安全感的财产，保留村的村民没有了耕地，但是还有居住地，尤其是征地之后，居住地和房产给他们带来的租金成为他们最为稳定和最主要的家庭收入，这是不可再轻易放弃的。可以看到，贝村村民在面对政府的新政策和规划的时候，不再感情用事，一味抵抗，而是开始经济而全面地分析。这是村民在征地后三年之间训练出来的精明和理性。

大学城征地至今已数年，在这几年里，"保留村"和"新村"的分割使原来亲如一家的村民分居两地，渐渐疏远。村民的大量迁出和外来人员的大量涌入改变了保留村的人口结构，村民每天接触的不是熟悉单一的"叔伯兄弟"、"妯娌姐妹"，而是每年每月都在变化的新面孔。贝村不再是民风淳朴夜不闭户的宁静村落，而是商业繁荣的大市场。村民不再男耕女织自给自足，相互间"白菜换大米"，而是彼此之间有了更多金钱的计算。在强制性政策之下，贝村由封闭走向开放，在不知不觉之间，他们由村民变成了市场中的经济人。

无论是保留村还是新村的贝村村民，都经历了这样一个过程，这使他们对于经济利益的追求渐渐胜过对于家园的眷恋。随着保留村和新村村民居住地点的分离，他们的经济利益变得不那么一致，从而导致他们对于同一项政策不再从同一个立场出发"一致对外"，甚至有时候出现了"倒戈相向"。这首先表现在搬迁到新村的村民认为保留村的村民是搬迁政策的受益者，他们还保留着大学城里的土地，而新村村民日益认为"大学城遍地黄金"，持有土地无论是经营商业还是保留升值都是一笔非常可观、令他们羡慕的潜在财富。第二个比较明显的冲突体现在"6栋楼计划"，具体计划之所以迟迟不能出台的一个很重要的原因，是在村集体和搬迁进公寓的个人各应承担多少比例的费用这个问题上争执不下。保留村的村民认为村集体应该承担更多比例，新村居民认为这笔费用应该由保留村村民支付较大比例，因为村集体的财产是新旧两村村民共享的，而新村村民并不会从"6栋楼计划"中得到任何好处和赔偿。

未来的家园也许已经在政府当年的规划之中就已经定型，家园的未来并不可以完全由家园的主人所掌控，何况现在村民们不再"一条心"，而是各有各的小算盘。在这个时候，也许向政府妥协而得到讨价还价的机会才是最为明智的选择。也许再经过一段时间，村民眼中的村庄不再是一个家园，而是一个商业市场，一个他们可以从中获益的市场。而市场与家园一个很大的不同在于，家园是属于村民的，而市场是属于大家的，包括村民，包括外来人员，包括学生……没有界限。

我们大体可以推测村民的未来行为取向：由于物价一定程度的提升，收入的减少，征地补偿款经过几年的折腾基本不会剩下多少，所以他们首先要面对的是生活压力进一步加大，村民必然通过各种方式增加收入。其次是对村委和政府施加压力，追回预留地，这是以后生活的长久之计。再者就是抵制6栋楼建设开展，维持现有屋租的收益。

"现在贝村就像一个贫民窟，不健康、不文明、不安全。"一位村民如是说。

（二）政府：规划中的村庄未来

政府主导了贝村的征地拆迁与保留村建设，而在村庄的终结和新社区的艰难成长过程之中，政府究竟担任着一个怎样的角色？村庄现在的发展趋势以及将来的去向是否在政府的预料之内？掌握之中？政府想看到的未来，是一个怎样的贝村？

政府对贝村的规划设计，我们将从政策和执行两个层面进行分析。

首先在政策层面，目前为止，政府对贝村的"终结"的促成作用主要分为两个阶段：

第一阶段是大学城建设征地，通过政府的强制性政策把贝村划分成"保留村"和新村两部分，前文对征地拆迁已经作了详细叙述，此处不再赘述。那么，政府为什么要在大学城留下一个贝村保留村呢？夏都大学城建设指挥部综合科康部长作出了以下解释：

（之所以要设保留村）原因有三：第一，是十所大学在这里形成了一个高校区，有两个假期。那么放假的时候大学城很容易成为空城,不太好,要留有长远的人气。第二,是这个岛原来有它的文化沉淀,通过保留村把它保留下来,用现在的话叫作保留非物质遗产和部分物质遗产,使这个两千多年的历史文化得以延续,这也许是最重要的原因。第三,我个人觉得,如果全部拆迁的话,可能对村民来讲难以接受。有保留村的话,阻力会小一点。比如说,大学也需要后勤服务人员,而保留村村民家就在大学旁边,他们热爱这个地方,这是一种很好的关系——天然的共生关系。不像市区的外来人员,不高兴了,可能会离开。

第二阶段是对保留村进行的"旧村改造",目的是"努力创建文明富裕、安定团结的小谷围和谐社区"①。其中"和谐"一词颇为耐人寻味,我们在另外一份政府文件之中,找到了对和谐的最贴切阐释:

> 大学城……其整体风貌正在逐步形成,大学城渐渐成为夏都市一颗璀璨的明珠。然而,小谷围岛上保留着的贝村、南村和石村的环境改造也已经势在必行……保护大学城的环境风貌,使广大师生有一个良好的教学、学习和生活环境,并借此契机改善、提高四个保留村原村民的生活质量……

贝村保留村的改造不仅出于"和谐"的长远要求,也是出于解决现状的紧急考虑:

> 与大学城的优美、现代相比,四个保留村的环境与大学城形成了强烈的对比。如今的四个保留村仍然保持着"城中村"的面貌,杂乱无序的建筑,随处可见接吻楼、握手楼。农贸市场不是在简易搭建的窝棚里就是挤占小巷两边的道路,到处都湿滑而脏乱,狭窄的巷子里随地摆摊后只能容纳一人行走。原有的碎石路地面坑坑洼

---

① 引自小谷围街党工委书记简锡波"在2005年度工作总结大会上的讲话"会议记录。

洼,生活污水随意排放,污水排放水沟外露,臭气熏天,不远处路边的饮食店卫生条件着实让人担忧……四个保留村的现状成了大学城的不和谐音符,而四个保留村的改造也成为当地民众的迫切愿望。

有了长远和现实两重要求,贝村保留村的改造似乎已经势在必行。但是,贝村保留村的"改造"并没有完全按照政府规划进行。"预留地方案"的一再搁置、"6栋楼计划"的一拖再拖和"商贸用地"规划的波折集中表明了保留村改造不再像当初征地拆迁一般可以由政府单方面通过强制性政策所主导,村民的力量比政府想象中的要更加顽固和坚韧。我们可以以"6栋楼计划"为例具体说明这一点。

"6栋楼计划"在政府计划中是这样的:

> 区委、区政府于2005年8月决定垫资3000万元重新启动贝村6栋住宅楼建设。街、镇组成旧村改造工作领导小组,制订《贝村旧村改造思想发动工作方案》、《贝村旧村改造计划和利益平衡分析方案》等4个专题方案和细化工作方案,开展村民思想发动工作。[①]

但是实际上,"6栋楼计划"的实际进展远远跟不上政府宣称和计划的步骤。首先,所谓"地块平整和土方外运工作",只是"把一些泥土运走了",而"入桩基础工程施工阶段"在2006年甚至到现在的2007年中期,也没有进行。"村民思想发动工作"更是遭遇彻底失败,也是造成工程无法进行的根本原因。政府承诺的村庄的美好未来,似乎愈来愈模糊……

(三)外来人员:村庄?暂住地?市场?

他们是原住村民口中的"外地人",他们曾在学生当中被"妖魔

---

① 引自小谷围街党工委书记简锡波"在2005年度工作总结大会上的讲话"会议记录。

化"；但是他们用自己的勤劳和隐忍在这里生存下来，创造了贝村的商业繁荣；他们已经是保留村的一部分，而贝村在他们眼中，是自己的村庄，是蕴藏利润的市场，抑或只是一个暂住之所？

正如前面所介绍的，大学城建设征地前的贝村是一个相对封闭的村落，常住人口绝大多数是贝村原村民。这种单一人口结构的打破始于大学城建设第一期工程开始之时，当时小谷围需要搬迁的村民基本上已经安置好，原住村民人数减少了一大半，这个时候大批建设工人进入了小谷围，建筑工地旁边搭建起简易的外来务工人员宿舍，但是临时外来务工人员宿舍根本无法安置数量庞大的外来务工人员队伍，大部分工人住进了附近的保留村。大量来自外地的工人的饮食和其他日常生活开支原本就是一个很大的商业市场，再加上通过"老乡"的介绍和带领，更多外地人"慕名而来"。贝村的外来人员数量在大学城建设的初期达到了顶峰。大学城初期工程完成之后，大量外来务工人员撤离大学城，只有少部分留下来继续后期的工程。贝村的外来人员有的随着工程队离开了，也有相当一部分留下来经营商铺。

夏都市是一个包容性非常强的城市，但是封闭的贝村对于外来人员有一种本能的抗拒。大部分村民在经受大学城征地的动荡之后的一段时间里，对大学城也有一种心理上的排斥，而对外来人员就更加抵触。我们在对村民进行访谈的时候，只要提到保留村里的卫生和治安这些不好的事情，村民就会认为这些都是外来人员的进入造成的。但是同时，在征地之后，村民失去了赖以为生的耕地，失去了主要的收入来源，而他们唯一能够依靠的就是保留村范围内的土地和房屋。随着大学城建设蜂拥而入的外来人员在居住和租用商铺方面成为村民最大的客源，如今，租金已经是大部分在保留村还有房产的村民的主要收入。在这种背景下，村民对外来人员的态度发生了改变，从开始的单纯排斥甚至鄙夷，到"又爱又恨"的复杂心理，最后慢慢接受他们是保留村不可缺少的一部分。

在第一批进入大学城的学生当中，保留村的外来人员，尤其是外来务工人员的形象被有意无意地"妖魔化"。大学城的学生经常收到大学城指挥部、学校以及公安局等官方机构发放的安全宣传资料，当时有一些条文例如"任何时候都不鼓励进村，白天需要多名同伴陪同，晚上禁止入村"，"晚上九点之后请务必回到寝室，否则宿舍其他同学必须马上把情况向辅导员或者公安局汇报"，等等，让刚离开家的学生们心里十分缺少安全感。在各种官方宣传之下，外来务工人员的形象便在学生心目中被"妖魔化"，随之在学生之中开始流传关于外来务工人员作恶的各种传言。

不过，贝村由外来务工人员创造的商业日益繁荣，给远离夏都市区的大学生们提供了一个较好的餐饮和购物去处，给他们的日常生活带来了非常多的便利。某些学生甚至会与外来人员认老乡，建立起更进一步的友好关系。对贝村外来务工人员的态度，大学生们起初是惧怕和躲避，现在已经认为他们的商业行为是自己日常生活的一部分。

外来务工人员自己对贝村保留村有多少认同？这里是自己的村庄还是只是一个暂住地？我们经过在贝村的田野调查，得出贝村保留村的外来务工人员具有以下共同点：

第一，具有明确的商业目的。对于来到贝村的外来务工人员来说，这里首先是一个具有当前或者潜在商业利益的市场。他们毫不掩饰自己的商业目的——"说句实话，我们外地人来到这里就是为了赚钱。"而且深为自己给贝村带来的商业繁荣而自豪。最初的商机出现在大学城一期工程的外来务工人员到来之后，其后"老乡"也尾随而来，在贝村开设了多家具有地方特色的餐饮店和大排档，例如"福建沙县云吞"、"东北美食"、"老四川"、"潮汕砂锅粥"、"湘菜饭店"等等，来迎合"老乡"的口味。即使在外来务工人员大量撤离之后，这些风味大排档也没有失去市场，因为大学城的学生多了起来，而且由于附近学校的饭堂还没有及时扩大，学生就成了村里餐饮行业新的主要客源。学生数量的增多也带来了更多的商机，许多外来人员及时地填补了贝村复印、打印、书店、服装等行业的空白。贝村的商业前所未有地繁荣起来。

第二，流动性强。现在贝村保留村的外来务工人员大多是2005年、2006年到来的，尤其是南方省外的外来人员，留在贝村两年以上少之又少。他们有的是夫妇两人或者其中一方来这里做生意，他们会为孩子的升学等问题考虑而选择打工或做生意的地方（外来人员在夏都的学校上学要收取一笔额外赞助费）；有的是单身，考虑得少，打算也少，但是希望到不同的地方闯一下，因此也不愿意一直留在贝村保留村。而基于第一点所描述的，他们会为商机而来，也会因市场的饱和而不断退出。贝村现有的餐饮、打印等行业几乎达到了饱和状态，竞争非常激烈，虽然看上去生意很红火，但是老板都会抱怨因为定价太低，利润很少。因此，贝村外来务工人员经营的商铺一直都处于"新人换旧人"的更替之中。

第三，语言不通。这是来自南方省外的外来人员存在的主要问题，也是造成外来人员与原住村民沟通的最主要障碍。一位贝村村民描述外来人员"说话像在讲外语，只有他们自己人才能听明白"，即使双方有交谈，聊天的内容也只限于日常琐事，不会涉及贝村的村庄话题，比如征地赔偿、"6栋楼计划"、外嫁女事件、保留地问题等。

第四，对贝村存在一定程度的不认同。几乎所有外来人员都对贝村的环境和规划十分不满，"脏乱差"是他们使用最多的形容词。外来人员的不满不只是由于居住环境差，更是因为环境脏、规划乱等因素给他们的商业发展带来的障碍。路通财通，贝村保留村混乱的规划给在村庄内部经营的商铺生意造成不少影响，村里唯一一家经营药店的小工向我们抱怨："外面的人进来多数会迷路，有些客人想配中药都找不到我们这家店，生意怎么能不差？"保留村的卫生条件则是造成村庄里经营餐饮业的外来人员抱怨的主要原因："我们店附近就是一个大垃圾堆，店里的苍蝇赶不走也打不完，客人看到都没胃口了。"而对于村民的不认同，首先源于对保留村内部环境的不满，"村里环境那么差，他们村委不管，村民也不管"。其次，在贝村经营商铺的外来人员相当一部分具有高中文化水平，他们认为"村民素质低，没文化"。再次，外来人员对于村民的处事态度也不认同，他们觉得贝村保留村今天的繁荣绝大部分是由外来人员创造的，而村民以房屋出租为生，整天游手好闲，"他们只知道守着自家土地，连自己村里的环境都不会维护"。

第五，对保留村的政策动向没有兴趣。这与前面描述过的外来人员"流动性强"和"语言不通"有很大关系。流动性强，所以"无所谓"，"语言不通"，所以缺乏在与村民交流中了解情况的渠道。例如，在"征地"问题上，所有外来人员都表示这个事情他们根本不关心，所以了解不多，或者认为跟自己没有关系，所以没必要去了解；在"6栋楼"方案上，他们都觉得加强保留村的统一规划是一件非常好的事情，但是表示"这个是村民的事情，应该由他们去决定"，"如果要拆，我们就搬迁啊，没有其他的办法"。外来人员都认为自己无权参与村庄事务的决策，他们被动地接受也是理所当然的。

可见，保留村的外来人员对保留村并没有很强的心理认同，只把它当作一个商业市场和暂住地。但是，外来人口给贝村保留村带来的除了商业的繁荣以外，还有更加深刻的变化。贝村曾经是一个相对封闭的村落，村民之间组成一个传统的"熟人社会"。自从大量的外来人员进入村庄之后，带来了追求商业利润的市场经济气息；而且外来人员的流动性非常大，这些都正在逐步引领保留村走向现代的"陌生人社会"。

本章小结

大学城建设是村庄重建的契机还是危机，仍然难以界定。我们看到，村庄中崛起了市场经济，但仍有强大的行政力量干预；村庄的政治秩序得以重建，但代价却是每个人都无法承担的；村庄不再封闭，但开放却也给他们带来了新的困扰。大学城建设之前，每个人心中都有一幅未来的画像，即使不是那么美好，但至少是每个人都期盼着的。然而，随着大学城的建设及发展，这幅画却愈来愈模糊了，无论是官方还是民间，他们都愈发看不清村庄该如何重生。重建中的村庄，是新的城市，是另一种村庄，还是什么都不是？这种困惑反映了村庄重建整合过程中的混乱。维系传统社会整合的纽带已经瓦解，而新的整合机制又没有建立起来，即使贝村重建中其市场经济、现代政治、村庄更新得到一定程度的发展，但他们之间却是断裂的而非相辅相成的。

村庄重建的目的在于实现整合，根据帕森斯的 AGIL 理论，任何社会要生存就必须满足其自身的四种基本需求或四个功能条件：第一，适应的功能（adaption），社会要适应环境，从环境中寻找资源，维持社会的生存发展；第二，实现目标的功能（goal attainment），为社会确立目标，调动资源去实现目标；第三，整合的功能（integration），保证社会各个部分之间的协调关系；第四，潜在调节的功能（latency），使得社会成员在动机、需求、角色技能上适合于社会体系的要求，使社会的模式能够保持下去。为了实现这四个必要条件，相应地，社会产生了四个最为重要的具体机构：经济机构，其功能是为社会成员寻找资源，为社会提供商品、服务等，使得社会能够与物质环境相适应，支撑社会的发展；国家政治机构，其功能是为社会设定和提供目标，为个人和群体提供行为导向；法律和宗教机构，为社会提供规范和道德标准，发挥社会整合的功能；家庭、学校等文化机构，通过对人的训练、驯化，使社会成员完成社会化，维持社会模式的运转。①

大学城建设开始之前，贝村作为一个小的社会系统，也是由政府、经济发展、文化等诸多子系统组成的相互依存的统一整体，每个子系统都各自发挥着特定的功能，相互依存且相互制约，维系着传统村庄作为一个整合的系统而存在。在不受外部或是内部因素刺激的情况下，整个社会系统保持着均衡状态。然而，突如其来的城市化打破了这种平衡，系统内部的子系统在重建过程中表现出发展不足、水平不一的特点，一旦新的平衡无法形成，村庄系统的无序状态就会一直维持。

尽管贝村借城市化契机进行了市场经济的尝试，并通过发展集体经济尝到了甜头，但所积累的物质资源仍然十分有限，远远不能维持新建村庄的生存发展。这具体体现在经济建设的"三不"，即"不充分、不胜任、不合理"。首先，村庄从环境中寻找的经济发展资源极其不充分。经济的发展不是空穴来风，而是要借助资本、土地、劳动力等要素的投入。然而，政府承诺的 15% 的预留地迟迟没有落到实处，外来人

---

① 李强：《社会分层十讲》，社会科学文献出版社 2008 年版，第 165 页。

口的涌入更是抢占了大学城内部及周边的劳动力市场，有限的资源还被层层瓜分。其次，是村庄利用资源的能力极其不足。大学城的建设推动了其所在地区及周边第三产业的极大化发展，包括学校后勤、房屋出租、饭店、娱乐场等，为村庄经济的发展提供了充足的空间。然而，经调查我们发现，除去学校后勤和房屋出租，村民极少参与其他行业，如经营店铺等，而这些才是创收的重要渠道。正如前文所述，村民的经济理性不断增强，因此暂且搁置村民满足"够用"的生存理性，我们会发现不是他们不想参与市场经济，而是其人力资本、社会资本的低水平使他们"心有余而力不足"。对村民来说，土地资源的被剥夺意味着他们依托土地形成的人力资本及生存能力的沦丧，同质性的社会资本、弱者与弱者的交往又制约了他们向上流动的可能性。同时，追求生存安全的务实理念使得他们又不愿投资发展人力资本和社会资本，毕竟对于这两者来说，投资与收益之间存在着很长的时间间隔。先天形成畸形、后天发展不足的人力资本和社会资本决定了村民对市场资源利用能力的极其不足。再者，是村庄分配财富的机制极其不健全。"4000万"事件反映了村庄的监督空白，"外嫁女分红"暴露了财富分配的困境，集体分红的微薄收入隐含了财富的"暗度陈仓"，旧村与新村的发展不均加深了贫富分化，权力与财富的"联姻"在贝村经济重建中体现得尤为明显。因此，作为社会整合的物质基石，经济结构发展的滞后难以维持新建村庄的生存发展。

村庄政治秩序的重建同样困难重重，历经三次才完成的村委换届及换届后依然走低的村民对村委的满意度反映了政治整合的前路维艰。缺乏合法性的基层村委，该如何为村庄的发展确立目标，即使确立下来又该如何保证能被村民认可？尽管现任村委获得了权力，但村民对他们的不信任仍然存在。卢曼将信任关系分为人际信任和制度信任两种。对人际信任来说，信任的基础在于关系的亲近，这种亲近的背后其实是对互动的对方能够维护、给予至少是不损害自己或家庭利益的一种预期；对制度信任来说，它表明对互动的另一方的信任是以制度保证为前提的，即相信一旦对方违背或者不履行自己的诺言，那就一定会受到由制度规定的惩罚。① 反观贝村，村干部的贪污自利、与上合谋使得村民不相信他们能够维护公共利益；而制度作为一种必须由官方提供的公共物品，其设计者肯定不会"搬起石头砸自己的脚"，制度所蕴含的惩戒也就无从谈起。总的来说，无论是对已卸任村委还是新任村委，村民既缺乏人际信任，也缺乏制度信任。所以，我们认为，村庄政治重建的困境在于如何使权力转变为权威，如何重建村民对村委的信任。权威，作为被人们自觉认可的权力，是村庄重建中所必不可少的，它能够减少讨价还价的成本，提高行政效率，避免不必要的资源浪费。然而，贝村村委的权威重建显然困难重重，一方面它要继续背负上届村委的"黑锅"，承担村民难以消解的怨气，另一方面它要担负振兴集体经济、捍卫村民利益的重任，斡旋在村民与上级政府间，他们的工作着实难以开展。

在村庄新旧体制的转型过程中，道德失范和法律缺位最为明显。传统的村规民约在外界力量的冲击下逐渐瓦解，"熟人社会"不断走向"陌生人社会"，旧的行为规范的作用力愈来愈小，而新的社会规范却被村民潜意识地不断抵抗，这就导致了村民道德标准的混乱，他们不知道该遵从什么，该反对什么，这必然引发村民的行为失范。就像第二章中提及的，寄托着村民"当地感"、"历史感"的宗祠经久失修，村落公共空间也在国家强制力的影响下不断衰落，现代法律法规又难以迁入村庄结构中去。既失去了传统根基，又得不到现代补给，村庄的整合便失去了维系，各部分之间无法相互协调。

村落的现代化转型，不仅仅是建立市场经济、现代政治，更在于其主体的现代化，即村民的社会化，具体而言就是通过家庭、学校对村民的训练、驯化，使其适应新的社会角色，进而保证社会的模式维持。但在贝村转型中，我们失望地发现，村民的社会化几乎被遗忘了。失去土地后，他们如社会流民般无依无靠，对于他们的培训即使有也大多流于形式。对于村民来说，他们生来就是农民，并且一直是农民，"农民"

---

① 杨善华：《关于中国乡村干部和农民之间信任缺失的思考》，载《探索与争鸣》，2003年第10期。

这个概念不是我们理解中的一种职业，而是一种存在，一种身份。因此，即使在强制变迁的过程中他们失去了土地，他们骨子里仍旧是农民，这就导致村民的行为方式、思维理念依旧遵从着小农理性。所以，要真正实现现代化，就必须完善教育培训机制，以努力实现他们的"社会化"。否则，一切制度建设只是徒劳。

综上，在贝村重建过程中，其经济机构、国家政治机构、法律宗教机构和文化机构建设都面临困境，也就导致了村庄社会良性运行的四大功能的缺失，如此条件下，村庄的未来显然令人担忧。我们认为，村庄的重建绝不仅仅是村民自己的事情，它的未来必须始终被放置在城市规划的政策大背景之下，政府的功能发挥尤为重要，尤其是在中国"强政府、弱社会"的大背景下。首先，政府要积极推动村庄经济制度、政治制度、法律制度等的完善。"制度创新来自统治者而不是选民，这是因为后者总是面临着搭便车问题"，制度是一项公共物品，进行制度创新是一项集体行动，一个有效的组织是一项集体行动得以实现的关键。[①] 政府必须帮助村庄制度的重建，不能不作为，但更不能乱作为。其次，政府尤其是地方政府应积极转变行政理念，践行"服务行政"，为村庄的发展创造良好的外部环境，协调村庄内部与外部冲突，积极服务，参与合作，引导规范，当好裁判员、调停者，而非矛盾制造者。政府的进入必须仅限于私人不愿进入、无力进入和私人进入会造成不良后果的领域。不仅如此，政府的进入和活动应以法律为依据，以收益补偿成本为限，而不应以盈利为目的。

对于村庄可能的将来，我们并不能给予确切的预言，我们的猜测也不能作为确切的将来来理解。但是，不管怎么说，在可以预见的将来，村庄将不复存在……但它将以何种新的面貌出现，则取决于村庄内部各系统的发展水平。

---

① 唐娟：《基层政府治理变迁的制度分析——以四川省遂宁市市中区步云乡乡长直选为个案》，见 http://www.wiapp.org。

第五章 无法终结的结论：
强制性城市化与村庄终结的逻辑

只有在信任网络整合、不平等绝缘于公共政治，以及相关的公共政治内部转型这些积极变迁交织在一起的地方，有效而持久的民主才能兴起。

——蒂利（Charles Tilly）：《欧洲的抗争与民主（1650—2000）》

从封闭有序的传统村落，一步步走向开放，走向现代，甚至走向一个未知的被规划的"美好未来"，本书全面展示了贝村这个真实而又特殊的村落在强制性城市化下的巨大变化。在这里，我们将回到本书最开始思考的问题：强制性城市化——因何产生？如何可能？怎么演进？有何结果？

结合本书一开始所提出的制度变迁类型，显然，"诱致性"制度变迁是由个人或一群个人在响应获利机会时自发倡导、组织和实行的，而"强制性"制度变迁则是由政府命令和法律引入和实行的。一个社会选择什么样的制度变迁方式受制于有着特定偏好和利益的制度创新主体之间的力量对比关系，中国长期的"强政府—弱社会"的发展关系使得制度变迁的行政干预色彩十分明显。对于我们所研究的贝村，其村庄的巨变即落脚于政府和强力的结合上。在这样一种制度变迁形式下，村庄被摧毁并被重塑,政府在短期内集中利用垄断性的政府权力资源和正式的组织架构自上而下地传递改革思想和改革方案①,以迅速实现政治精英的改革思路和政治抱负。

一、强制性城市化因何发生?怎样实现?

图19将帮助我们分析强制性城市化是因何发生和怎样实现的。

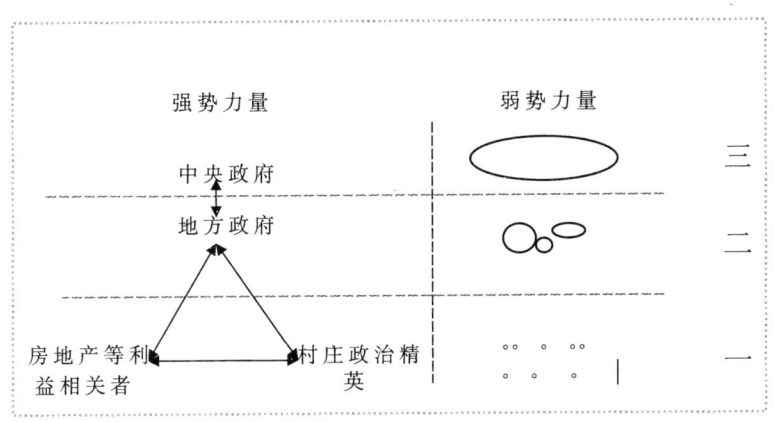

图19　强制性城市化形成过程

(一) 因何发生

制度学派很早就关注这个问题,他们认为,制度变迁之所以会发生,是出于变迁成本与收益的考虑。具体而言,包括两方面原因,一是对于政府等利益集合体来说,制度变迁的收益超过了成本,二是对于村民等弱势群体来说,抵抗制度变迁的行动失效及其成本大大超过了收益。

首先,强势力量内部形成了相对稳定的利益合谋,即地方政府、房地产等利益相关者和村庄政治精英形成的铁三角。但在这之前,我们需要分析一下地方政府与中央政府的微妙关系,因为能对地方政府自利行

---

① 孟大虎、旷乾:《自发秩序、诱致变迁与强制变迁:改革思路的选择》,载《理论与改革》,2004年第5期,第67页。

为产生强的约束力的也只有中央政府了。出于宏观调控、社会稳定的大局考虑，中央政府必然不认同地方政府"以地生财"的行为。在第二章我们也了解到国务院对夏都大学城建设的征地行为在某种程度上给予否定，但地方政府的土地财政在很大程度上是财权与事权相分离的结果，中央强大的汲取能力与地方处理事务的"捉襟见肘"形成了鲜明的对比。因此，一方面，正所谓"不当家不知柴米贵"，作为补偿，中央政府在某种程度上默许了地方政府的"自力更生"行为，毕竟整体城市化水平也因此实现了量化提高。另一方面，当前改革注重国家治理体系的地方创新，中央政府的放权使得地方政府行为具有极大的自由裁量权与施展空间。而对于地方政府来说，"灵活措施、特殊政策"的中央优待是有两面性的，它可以调动其积极性并充满活力，但也可能使得地方权力不断扩张。地方政府与中央政府博弈的手段更富于弹性化、多样化，重要表现之一便是对中央政策的"选择性执行"和"扭曲执行"，即通常所言的"上有政策，下有对策"。大学城建设中，面对国务院的否定意见，夏都市及次一级政府当即承认了错误并重新发布了政府公报，但大学城项目依旧在马不停蹄地进行。所以，强制性城市化在某种程度上获得了官方的默许。

在铁三角中，三方各取所需、各得其所。

对于地方政府来说，其策略主要是利用土地国有与集体所有的矛盾所赋予的"借地生财"的机会牟利，并通过"以地换保"变相减少开支。在中国，农村土地归集体所有，但是最终依旧是属于国家所有。在这种情况下，国家有权力在某些特定的时刻以某种名义收回土地。在社会主义市场经济的今天，农村土地对于村落而言并不能进行市场交易，因为村落本身在法律层面并不具备对于土地的最终产权。也就是说，土地的市场交易只能是经由政府才能得到合法的进行。① 而在现有的法律中，对于土地征用的补偿始终不是以市场价格为标准，而是以土地的年

----

① 周飞舟认为，农村现有的土地所有制以及政府对于一级土地市场的垄断，使得并不是土地的所有者的农民缺乏与政府就补偿问题进行谈判的能力。参见周飞舟：《生财有道：土地开发与转让中的政府和农民》，载《社会学研究》，2007年第1期。

产值作为依据来确定的,这样,土地征用的补偿与政府用于市场交易所得之间就存在巨大的差额,这便是政府牟利动机的制度渊源。另一方面,即便政府可以征用作为农业生产的土地,但是,对于政府而言,征用农村宅基地的策略执行则显得相当困难。由于征用宅基地之后,政府将要在短期之内付出相对高昂的成本,因此,很多时候政府对于这部分征地补偿是通过一种"内化"的方式来完成的。譬如说,在贝村这个案例的征地补偿中,政府一方面给村民以一定数额的征地补偿,但补偿费却有相当大的一部分用于医疗养老等社保费用,在这个具体的案例中,村民每个人拿到的征地补偿中有1/4左右用于社保。也就是说,政府回收了这部分钱。按照经济发展的形势,以养老金来说,现在交纳的1.8万与若干年之后领取到的养老金事实上不在同一个层次。村民就这么认为:"1.8万,我要活到多少岁才能拿回这些钱?"概括之,在财政体制改革和农业非集体化的制度性激励下,经济发展过程中的地方政府具有公司的许多特征,官员们完全像董事会成员那样行动。[①]

我们讨论了强制性城市化因何发生的政府层面的缘由,但是,并不能想当然地以为强制性城市化凭政府就能够单兵推进。它至少需要这样两个方面的推力,即村庄政治精英(村干部)和以地产商为代表的利益集团。在论述"村干部贪污"这节中我们就已经对村干部的角色、行为进行了分析,在此不再赘述。对于地产商等利益集团来说,他们是追求利润最大化的。如前所述,贝村拥有其良好的自然环境、便利的交通条件,大学城的建设更加优化了其周边环境,包括居住环境、消费环境、休闲娱乐环境等,甚合房地产商等利益集团的心意。然而,我国法律明确规定集体所有的土地不能用于开发经营房地产,房地产开发用地必须是国有土地。《城市房地产管理法》第九条规定:"城市规划区内的集体所有的土地,经依法征用转为国有土地后,该幅国有土地的使用权方可有偿转让。"[②] 在此背景下,地产商必然极力支持政府推动的

---

① 齐晓瑾、蔡澎、傅春晖:《从征地过程看村干部的行动逻辑——以华东、华中三个村庄的征地事件为例》,载《社会》,2006年第2期。

② 杨紫烜:《经济法》,北京大学出版社、高等教育出版社2010年版,第312页。

"圈地运动"。

三者的合谋如此展开。地方政府和村庄政治精英之间的合作逻辑是：村庄政治精英帮助执行地方政府的征地拆迁政策，除去公分的收益，地方政府还会满足村庄政治精英的晋升欲望；地方政府、村庄政治精英和房地产等利益集体之间的合谋则带有明显的钱权交易色彩，标榜"公共利益"旗号的官方权力和巨额金钱收益的双保险，使得对于村庄来说的强制性变迁厄运变成了"香饽饽"。因此，对于"铁三角"来说，村庄强制性城市化的收益远远大于成本。

反观弱势力量，村民的反抗即使有组织，但往往由于缺乏强有力的约束、个体化倾向而最终沦为原子化的抗争。对于他们来说，反抗城市化的成本是确定的，但是其收益却是不定的，确定与不定之间村民的反抗风险被无限放大，再加上外部力量的恐吓及内部利益的分化，对他们而言，反抗城市化的成本是远远大于收益的。

总的来说，强制性城市化是利益合谋的强势力量对利益分散的弱势力量的必然入侵。

（二）如何实现

在传统村落中，村庄冲突更多在于村庄内部，并同时被村庄固有的情理所消融，村落的冲突具有隐形、局部、个别等特点。而在村落变迁过程中，政府力量的大规模入侵以及村庄成员身份的不稳定性（农民、居民的户籍身份交叉，农业、非农业的职业身份交叉），使得冲突呈现出显性化、主体多元化、结果复杂化等特点，而这些特点影响着其斗争策略。我们认为，强制性城市化之所以能够实现，是强势力量与弱势力量对抗失衡的结果，是以地方政府为主体形成的稳固的利益铁三角强势侵入个体化、原子化村民组成的空壳村庄的结果。强势力量和弱势力量的对抗不是一次性的，而是多次性、多层面的，自下到上共为三层，层次愈高，次数越少，组织性愈强；层次愈低，次数越多，原子化愈强。总的来说，弱势力量在与有组织、有预谋的强势力量对抗中，尽管现在看来取得的效果并不明显，但农民本身的行动能力却在不断提升，因而为强制性城市化的继续推行埋下了障碍。

第五章 无法终结的结论：强制性城市化与村庄终结的逻辑

对于"如何实现"这个问题，我们将从两个角度进行讨论，一是代表利益铁三角的政府和农民各自作为一个整体之间的对抗，一是两大主体内部分化而形成的三层次的对抗，即中央政府——有效组织化的农民、地方政府——组织化的农民、村干部及利益集团——原子化的农民。以下，我们将沿用"国家—社会"关系模型①，并结合政治系统理论，将原有的模型细化，以求更好理解政府与村民作为行动者的策略。在这里，"国家—社会"关系模型指的是市民社会理论关于国家与社会孰强孰弱的四种模型。② 我们认为，在两大主体对抗冲突过程中，行动者的策略选择必须到国家与社会的互动层面去挖掘。

我们试图建立以下模型，见图20：

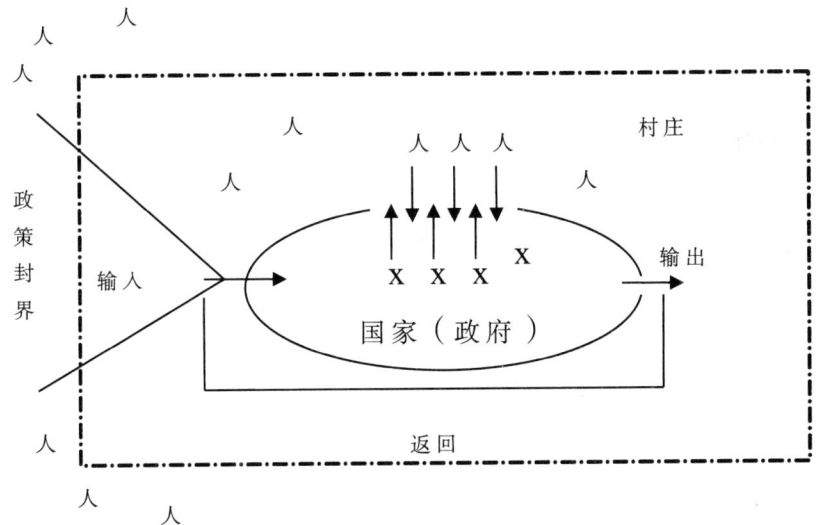

图20 政策过程中的国家—政府

---

① 此部分参考了米切尔·黑尧：《现代国家的政策过程》，赵成根译，中国青年出版社2004年版，第75—80页。

② 即：(1) 强社会—弱国家；(2) 弱社会—强国家；(3) 弱社会—弱国家；(4) 强国家—强社会。参见景跃进：《"市民社会与中国现代化"学术讨论会述要》，载《中国社会科学季刊》，1993年第4卷；邓正来、[英] 杰弗里·亚历山大编：《国家与市民社会：一种社会理论的研究路径》，中央编译出版社2002年版；唐士其：《"市民社会"、现代国家以及中国的国家与社会的关系》，载《北京大学学报》，1996年第6期。

此图划分了两个场域：国家（政府）（椭圆型部分）与社会。在国家里面，X 表示的是各个部门、机构或者组织；而在社会中，存在着许多的"个人"。在我们这个具体的案例中，这个"个人"由村庄来扮演。图中的箭头代表国家与社会的互动。用虚线框住的是国家的政策封界——在这个范围内，人群的利益受到了政策关注，而虚线之外则表示体制外的社会，政策并没有或者极度不充分考虑这些人的利益。在国家的政策输入（input）层面，利益诉求的输入是一个类似于漏斗的模型，即越远离国家的社会，越被排斥的个人的利益诉求是最大的，但是他们最后能够被国家系统接受的却极少。或者我们可以作一个补充，在国家政策的输出（output）层面，漏斗是反方向的，即越靠近国家的社会，越接近国家的个人（或组织），其政策受益越大。

在此基础上，我们来观察行动者的策略。必须说明的是，在这一层面，我们只关注村庄（个人）与国家这两个行动者，也就是说，我们忽略国家内部的机构、部门、组织之间的区别，将国家看成单一个体。

首先，为达到利益诉求，村庄必须靠近国家。因此，行动者策略方面，靠近国家是一种重要选择。这种选择似乎可以衍生出两种手段：第一，村庄拉拢国家（包括部门、机构及其人员）；第二，将村庄这个小单位的问题放置到国家层面来讨论，即"问题化"策略。第一点我们很容易理解。关于第二点，作一下解释：我们知道，私人问题被纳入政策议程而变成公共问题不是自然而然的，而一旦问题不被置于公共层面，其解决之路则漫漫无期。因此，为了尽快和尽可能解决问题，村民们总是尽其所能强调问题的重要和情况的紧迫，本质上是对政府采取的强制性议程设置。村民之所以采取"问题化"策略，主要是由中国的国家和社会关系决定的。首先，政府对社会问题和社会冲突的处理常常是非制度化的，主要根据民众反应，大闹大解决，小闹小解决，不闹不解决。"会哭的孩子有奶吃"，会闹的村民有利享。其次，民间社会特别是底层社会非组织化，缺乏有效的利益聚合，个人利益诉求难以进入政府议程。既然不能通过正当渠道获得关注，村民们只能以非制度的行为使某些社会不公正的现象或利益纠纷在短期内通过上级政府和新闻媒体的介入而得到重视或放大，无形中给国家一种压力，从而加速问题的解决和增加受重视程度。同时，置身公共问题的村庄（个体）倾向于发动那些与问题不相关或者并不明显相关的行动者或者潜在行动者，以增强自身力量，以便与国家讨价还价。在村庄调查的过程中，我们明显感觉到村庄内部有强烈的欲望向社会传达关于强制拆迁的信息，而调查也发现，潜在行动者由于道德良心或者利益牵连，他们对于村庄的行动也表现出相当的支持。

针对村庄将问题抛入公共池塘的做法，国家这个行动者的策略是将问题从公共池塘中打捞起来放置到村庄层面去讨论，即将公共问题转化为私人问题。在这个特殊的案例中，更加确切地说，政府试图将村庄与政府的冲突放到村庄内部去解决。这也就是为什么政府在村庄选举的过程中会扶持自己的势力，其主观意图是让公共层面的问题变成一个局限在小单元的问题。这样，政府与村庄的对抗就在一定程度上转化为个体和个体的争执。而针对村庄对抗过程中的利益联盟，国家的策略即在分化瓦解这些可能结合的利益诉求联盟。

在此，我们需要思考这样一个问题，为什么国家对抗村庄利益联盟的策略是分而解之并逐个击破？为何国家多次采取一对一的博弈，而舍弃次数极少的一对多的博弈？实际上，一对一的博弈成本显然要远远高于一对多的博弈成本，前者需要耗费更多的人力、物力和时间。我们认为，一方面是因为当作为弱势群体的村民结成联盟时，他们共同的悲惨处境引发更多的社会关注。因为这不再是极个别村民的问题，而是一个社会问题，而他们为维持基本生存的集体行动被官方打压的新闻经无限放大后更会引发强烈的社会关注。因此出于"大事化小，小事化了"的维稳考虑，国家极尽所能瓦解村民联盟，将强弱力量的对比无形中最大化。另一方面，则是由于村民的斗争策略是多层次的，蕴含着"隐藏的文本"，他们对"弱者的武器"的运用是多种多样的，毕竟民众才是历史的创造者。

斯科特（James C. Scott）曾经提出农民可以实施的适应性变革或者策略可以大致分为四种典型模式（见图23）：（1）对地方自助形式的依

赖；（2）对经济中非农业部门的依赖；（3）对政府资助的保护和援助形式的依赖；以及（4）对宗教的或反对派的保护和援助机构的依赖。① 事实上，据此也可以作一个从依靠政府到背离政府的排列，从这里我们也可以理解革命是如何发生的。对于（3），斯科特认为，在经济上，它可能对生存需求提供短期的解决办法，因而使得许多农民放弃了作为大多数农民起义之特征的绝望行动。在社会上，这些机会同迁移一样，代表了个人的而不是集体的安全保护路线。② 当然，在中国最后一种方式很难出现。但是，从对于农民的斗争策略来看，我们不得不作出这样一个警示：如何避免农民走向绝望行动，是政府理应思考的一个重要课题。

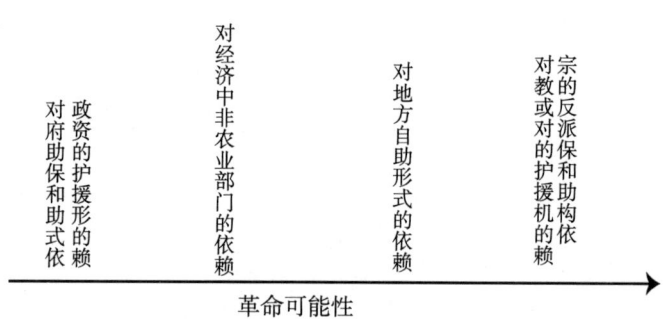

图 21　斯科特变革模式

在这个过程中，村庄冲突呈现出复杂性与多样性的特点，村民的多样化策略尽管大多无疾而终，但同样对政府产生了不可忽视的影响。这就需要我们讨论政府与村民斗争策略的第二个角度，即三大层次的分别对抗。

第一层次也就是对抗次数最多的微观层次，是原子化村民对村干

---

① ［美］詹姆斯·C. 斯科特：《农民的道义经济学：东南亚的反叛与生存》，程立显、刘建等译，译林出版社2001年版，第262页。

② ［美］詹姆斯·C. 斯科特：《农民的道义经济学：东南亚的反叛与生存》，程立显、刘建等译，译林出版社2001年版，第276页。

部、利益集团的道德谴责；在传统小农的生存伦理中，精英阶层或国家对农民的索要一旦侵害了农民的基本生存需要，便毫无公正道德可言了。往低里说，精英阶层不得侵犯穷人的生存储备品；往高里说，精英阶层有绝对的道德义务为处于饥荒时期的村民提供生计。① 显然，以上两点村庄政治精英和作为经济精英的利益集团都没有做到。在村民传统的观念里，村干部是与他们关系最紧密的"上级"，也就是他们的"衣食父母"，然而正是村干部在村庄强制性变迁过程中扮演着关键的角色，更何况这些村干部还都是与村民熟识的，相互知根知底。所以，村民对村干部的帮凶角色充满了道德谴责。对于利益集团，他们是土地被征用后的直接占有者，占有作为农民命根的"土地"，村民对房地产等利益集团的谴责也是在所难免的，更何况与村民比起来，他们的物质利益已经最大化，却仍然止不住脚步。必须承认，在强制征地拆迁过程中，村干部和利益集团无疑成为地方政府最好的助手，是与原子化村民接触最多的力量。在对抗村民的道德谴责时，村干部和利益集团往往是借助于地方政府的名义对村民进行恐吓，或以暴制暴。

第二层次也是对抗影响力最大的中观层次，是一定组织化的村民对地方政府的暴力抵抗。为加速推进城市化以追求政绩，地方政府仅仅热衷于获得村民的土地，对于失地村民多采取一次性货币补偿的方法予以安抚，却缺乏能力、责任意识去解决城郊居民在失地后如何维持生存、继续发展的问题。② 因此，作为强制性城市化的始作俑者，地方政府无疑是村民对抗的主要目标。村民的策略既包括在正式制度层面的对抗，如在村庄换届选举中对抗政府扶持的力量，寻求法律的援助"依法抗争"，还包括非正式制度的策略运用，使用"弱者的武器"，如上访、抱怨等，利用"作为武器的弱者身份"进行情绪表达的抗争，以引发公共的声援和同情，在暴力拆迁中"以身试法"。在中观层次对抗中，

---

① [美]詹姆斯·C. 斯科特：《农民的道义经济学：东南亚的反叛与生存》，程立显、刘建等译，译林出版社2001年版，第41页。
② 胡于成、朱英杰：《城市化进程中失地农民再就业问题浅析》，载《中共郑州市委党校学报》，2009年第3期。

村民的行动是有一定的组织性的，但是他们的组织却也十分容易被瓦解。当然，究其原因，既有外部的威逼利诱，也有内部的利益争夺，村民的维权抗争在现实情境中最终成为一种流于过程而不奢望结果的过程。① 从某种程度上说，这一层次的对抗之所以最重要，是因为它在很大程度上起到了"疏导怨气"的安全阀的功能。在与地方政府的对抗中，村民借助大众媒体"声"张正义，借助木棒铁锹以"身"抗争，在这种情况下他们由内而外都处于一种亢奋、激动的状态，他们感觉到自己是捍卫家园的正义卫士，不满得到发泄，尊严得到增强。然而物极必反，一旦村民的容忍到了极限，一旦他们所树立的尊严被一次又一次地践踏，这可能会引发暴力事件。中间层次的对抗聚集了最主要的矛盾冲突和村民最多数的利益诉求，因此最应受到重视，因为它既不像微观对抗那样过于琐碎而缺乏整体的概括性，也不像宏观层次对抗那样远离特定的社会行为、组织和变迁。

第三层次也就是对抗级别最高的宏观层次，是有效组织化的村民向中央政府的求援，到中央政府上访或者是"越级上访"，村民这种非制度化的行为是"问题化策略"的最大化运用，无疑需要巨大的时间成本、物力成本，还要有严密的部署，否则就会被半道拦截，得不偿失。因此，宏观层次的对抗是极其充满风险的行动，唯有有效组织化的村民及其利益表达才能实现。但是，正应了"天高皇帝远"的传统逻辑，中央政府最终还是要将事件的解决分配给地方，最多给地方施加一定的压力。所以，一方面，包括贝村在内的全国各地的村民都来京上访，而另一方面，这种公开的、有组织的行动对于村庄农民这样的弱势群体来说太过奢侈了，因为即使不是自取灭亡，也过于危险，而且其效果往往是虎头蛇尾。这是什么样的逻辑呢？这一则表现了政府，尤其是地方政府公共信用建设的缺失，呈现出碎片化、滞后化的特点。正如我们调查中发现的，村民对高一级政府的满意度要大于次一级政府。究其原因，

---

① 董海军、代红娟：《农民维权抗争的无效表达：流于过程的情感行动——对西安Y区征地抗争事件的解读》，载《人文杂志》，2010年第5期。

以此次征地强制拆迁为例，首先是政府政策反复无常、缺乏持续性，给人一种行政能力不强的印象，村民感觉被愚弄。这在艺术村拆迁中体现得尤为明显，时而说拆，时而说保留，毫无公信力可言。其次是政府的整个征地拆迁过程运作"黑箱化"、不透明，在村民的传统逻辑中，偷偷摸摸干的事情肯定不是什么好事。再者，基层执法者执法过程中态度蛮横，暴力执法，使政府形象严重受损。相比于地方政府，人们宁愿相信中央政府能够为他们主持公道。二则表现了政治体制改革过程中的责任缺失，中国复杂多变的地方情势使得中央政府必须赋予地方政府治理极大的自由裁量权，鼓励地方制度创新也是必须的，然而，在放权的过程中，伴随着的还有中央政府对地方政府、地方政府对民众责任意识的流失。没有责任的承担，中央政府显然不能有效地约束地方政府的行为，即使想约束，但自上而下的压力经层层分解后，真正到达地方也只能是隔靴搔痒了。也就是说，制度变迁过程中，尤其是政治体制变迁，必须发挥"顶层制度设计"的统筹控制作用，地方政府的治理能力还是十分有限和狭隘的。

二、强制性城市化的结果

为了整个逻辑链条的完整，我们来看一下村庄强制性城市化的结果。作为处于国家与社会之间的一种特有的组织单位，村庄的变迁会打破原有的平衡，对村庄社会、村民及作为抽象国家代表的政府都有不同程度和方式的影响。必须指出的是，在长期计划经济体制中形成的"强政府、弱社会"格局中，强制性城市化的发生有其深刻的历史根源、社会背景和存在合理性，因此对于它所带来的结果，我们需要辩证看待、深入理解和积极反思。

（一）村庄社会

与传统村庄的农业化、封闭化和传统化不同，城市是非农化、开放化、现代化的高级文明，它是人类创造文明和聚集财富最主要的地域，是社会进步和文明发展的象征。因此，村庄向城市的转变是人类发展的必然。当前中国人口流动具有明显的由农村流向城市的特点，大量青壮年人口流失，众多传统的村庄实质上就演变成为"空心化"和"散沙型"的村庄，留守在村庄的多是孤寡老人和妇孺。显而易见，这种情况下村庄缺乏动力和能力实现城市化的转变，这就需要外力的推动。强有力的行政力量让我们看到了拔地而起的新村建设，村庄基础设施日趋完善，经济结构多样化，集体经济得到了一定程度的发展，村民的生活水平确实得到了一定的提高。

客观地看待强制性城市化，它人为地加速了村庄城市化的进程，或许原本需要十几年的自然变化现在只需要两到三年，这种大跃进式的城市化违背了事物发展的自然规律，整个村庄社会陷入所谓的"结构紧张"。表现为因村庄社会的结构分化速度快于制度规范的整合速度而形成的结构要素之间的紧张与脱节，使不同利益群体之间由于政策与制度安排的变化而产生不满，因而引发矛盾与冲突的状态。[①] 简而言之，就是社会与制度的变迁造成了一个村庄社会不同结构之间及结构内部的失衡与紧张。在强制性城市化过程中，村庄的社会结构四分五裂，市场经济和农耕经济并存，民主政治与买官卖官混合，城市文明与传统观念对抗，村庄健康运行所必需的结构条件都陷入混沌，而相应的制度规范要么尚未形成，要么形同虚设，这就使得村庄呈现一种"失范"的景象——道德失范、行为失范。如此看来，城市化反而成了"贫困陷阱"、"道德沦丧陷阱"。

（二）村民

而对于村庄的承载者——村民，村庄的终结意味着集体意识的逐渐瓦解，而集体意识的衰落无疑会使社会陷入道德真空状态，社会成员失去了社会凝聚力，社会的缺席使个体意识不再具有内在的限制和约束，陷入了规范缺席的状态。"失地农民会呈现出身份角色的错位性认同、

---

① 李汉林、魏钦恭、张彦：《社会变迁过程中的结构紧张》，载《中国社会科学》，2010年第2期，第121—143页。

土地情结的鸡肋性认同、经济生活的剥夺性认同和制度环境的失衡性认同。"[①] 农民对于村民来说,不仅仅是一种职业,而是一种与生俱来的身份;土地对于村民来说,不仅仅是一种谋生手段,而是一种生生不息的历史延续;传统规范对于村民来说,不仅仅是一种行为规范,而是几千年形成的自我价值。在某种程度上,村民是村庄强制性制度变迁的最大受害者。

然而,正如哈耶克(Friedrich August Hayek)指出,每个人都存在某种理性不及的无知状态。所谓"理性不及的无知状态"包括两方面的含义:首先,每个人对决定其行为和其他人行动的最终结果的大多数特定事实是茫然无知的。其次,对那些经由无数代人各自的特殊经验同环境相调适而累积起来的一般行为规则,每个人都不可能完全知晓它们是如何形成的,又如何有益于人们作出有效的行动。也就是说,在家园破败、生活拮据、未来模糊的情境下,村民缺乏足够的理性去理解强制性城市化对他们的潜在作用,包括消极性的、积极性的和中性的。我们将其概括为以下三点:

(1)对于权力的普遍反感。权力可以被分为四类:强制性权力、功利性权力、操纵性权力和人格性权力,而村民对这四种权力都存在不同程度的反感。首先,强大的行政权力导致了村庄的强制性城市化,各种威逼利诱手段轮番上阵,这种情况下村民被迫接受强加的权力作用。其次,虚化的功利性权力使政府失信于民,打破了村民对美好生活的向往。功利性权力是权力主体对客体服从权力行为的好处奖励,在村庄变迁中,政府承诺了15%的预留地、新建小学等有利条件,然而却都虚化而未落到实处,反而还成了政府要挟村庄的条件。再者,操纵性权力和人格性权力也在某种程度上遭到了村民的抵抗,尤其是"4000万"的村干部贪污事件让村民对所谓的"衣食父母"又恨又气又无奈。

在村民的眼里,他们自身是与权力相对立的,他们已经沦为权力铡

[①] 郁晓晖、张海波:《失地农民的社会认同与社会建构》,载《中国农村观察》,2006年第1期。

刀下的弱势群体,这必然引发村民对权力的普遍反感,具体表现为对村干部的道德谴责、与地方政府的暴力抗争。现阶段来看,这种反感是有其合情性的,但从长远看,并不具备合理性。村民对权力的普遍反感必然会导致村庄政治秩序重建阻力重重,如前文提及的村民集体不参与、用钱买选票等现象行为。而政治秩序一日建立不起来,整个村庄的重建变迁就缺乏有力的领导规范,甚至处于与政府对抗的境地而得不到村庄发展所需要的制度、政策等资源支持,最终只能陷入恶性循环。

(2)对于权利的普遍向往。村庄经历了巨变,对于如何在强大的国家之下保护自己的权利并获得个人发展成为村民的普遍目的,具体包括经济权利、政治权利和文化权利。向往经济权利表现在村民迫切要求发展集体经济、积极参与房屋出租和后勤服务业、潜在抵制外来人口争夺利润等方面,这表现出村民的经济理性在不断增长,他们试图使各种可利用的条件"最大化"进而获利。向往政治权利则反映了村民日益增强的维权意识,通过村庄选举他们成功对抗了政府扶持的力量,这一成效更激发了他们参与政治的积极性。向往文化权利,既是村民自身获得继续发展的必然要求,也是对下一代的殷切期望。毕竟,大学城内多达十多所的高校极大丰富了村民的文化氛围。而按照"模仿理论",面对行为文明的大学师生,村民也会有意或无意地去模仿。

(3)民主知识的增长。民主是一个学习的过程。经过强制性城市化后,民众所习得的斗争策略将成为民主有效推进的"知识"。这种知识包括上面提到的权力认知与权利意识,而这样一些知识的增长,将成为推动民主发展的可能基础。依然以村庄选举为例,村民运用民主选举的政治权利对抗政府强制性的行政权力,尽管未将政府力量排除殆尽,但村民们也取得了实质性的胜利。他们增长的知识,一是用权力来制约权力,即求助于更高层级的政府甚至是中央政府,形成自上而下的约束;一是用权利来制约权力,通过组织化的集体权利诉求,阻止权力的不当运用,至少对其运用设置障碍。从"以身抗争"到"以法抗争"、"依法抗争",从"以暴抗暴"到利用作为武器的"弱者身份"而获得社会舆论关注,村民的民主知识是在不断增长的。

(三) 作为抽象国家代表的政府

政府的存在是经济增长的关键，然而政府又是经济衰退的人为根源。在村庄强制性制度变迁过程中，所谓的"诺斯悖论"被体现得淋漓尽致。一方面，政府是积极的、功利的。政府作为在暴力方面具有比较优势的组织，代表着公共规则。从人类经济结构的变迁分析，没有一个明智政府的积极促进，任何经济增长都是不可能的。城市化，无论它是自然发生的，还是强制出现的，它所带来的经济效益、政治发展、社会进步都是不可忽视的。而另一方面，政府是消极的、自利的。政府的建立同时意味着产生了依靠公共强制力的、或多或少不受委托者影响的统治者。同时，在统治者与代理人的关系中，由于统治者与代理人都与委托者（选民）一样具有经济人特征，因此他们在制定和执行公共政策时，其目标就在于如何使自身的效用最大化，某种程度上是政府尤其是地方政府主动塑造了整个强制性城市化的变迁过程，这其中有对在位政绩最大化的谋求，对物质欲望最大化的满足，对膨胀性权力的放纵式滥用。既是手段，又是结果，强制性城市化塑造了地方政府的"经营城市"形象，实际上就是地方政府的一种以经营土地为核心，围绕着土地的获取、土地的升值、土地的变现而展开的一系列"创新"行为。政府行政角色的错位、缺位显然会影响其行政合法性，"水能载舟，亦能覆舟"，当民怨积累到一定程度，政府的自利性被无限地放大，其作为公共部门恐怕会面临革命性的颠覆。

其次，强制性城市化对政府的行为还提出了更高的要求，即要求政府作为调停者、裁判员，在协调和处理不同社会群体利益表达、利益综合与利益实现的途径、条件与方式上必须准备得更加充分，调整不同社会群体之间的紧张，使社会矛盾趋于和缓，并逐步在新的制度条件下形成平衡。这是对政府的要求，更是政府存在的应有之义。同时，政府尤其要转变自己的行政理念和职能，"以人为本"。因为我们有理由认为，当强制性的制度变迁演进到这一步，通过"斗争"来完成未竟的制度变迁的希望已经变得渺茫，以暴制暴只能造成两败俱伤，而如何通过民主的方式各取所需，才是政府理应考虑的一个政策选择。

三、对强制性城市化的反思

我们认为，合理的城市化应该是市场主导型的，然而村庄强制性城市化所形成的社会环境——不信任、不平等、不稳定显然进一步制约了城市化的良性发展。强制性变迁推行至今日，其弊端日益凸显，因此对其终结的讨论势在必行。

一方面，被强制而发生巨变的村庄给我们留下的两个方面的启示异常刺眼：（1）强制性城市化，凸显民众对于权力的普遍弱势；（2）强制性城市化，展现了民众对于权力的普遍反感。在村庄终结过程中，农民与来自政府力量的"斗争"，其策略不多，但是也不少，然而，这样的一些策略，却始终在体现着农民是"如何作为弱者"的。在村庄抗争以及村庄政治经济重建的过程中，我们看到农民对于政府规划是如何缺乏信仰、对于政治权力是如何缺乏信任。我们不无遗憾地感到，如若不是政策没有对农民的"生存理性"构成最致命的挑战，强制性城市化将有可能从政府所推行的强力走向公众的强力。而这是我们最不愿看到的结局，这也是自上而下的制度变迁的必然宿命。

另一方面，强制性制度变迁所受到的抵抗会愈来愈大，也就是它继续发挥作用的成本会愈来愈大，甚至超过收益。在贝村这个特殊村庄的变迁过程中，我们可以看到，村庄对于来自外部的力量的态度呈现出这样一个变化的过程：在变迁的前夕，村庄内部是分化的，这一方面是村民内部存在着一定的冲突，这种冲突来源于宗族或者姓氏的势力划分；另一方面，村庄有一批站在政府一边的力量，这部分人控制着村庄的权力，在变迁的过程中，这部分人成为帮助政府推动村庄变迁的重要力量。当村庄的变迁使得村民的抵制达到一定程度，村庄内部宗族等势力划分不再成为重要矛盾，相反，村庄基本上形成了一致对外的局面（除了支持政府的村干部）。由于这种演变而出现的一个情况就是村庄集体对于政府力量的驱逐，村干部的重新选举过程最好地体现了村庄力量与政府力量对于村庄权力的竞逐。但是，政府力量并没有也不可能被驱逐出村庄，它通过对村庄一定势力的掌控，依旧能够在各个方面影响着村庄的继续变迁。然而，这种变迁由于村庄本身相对一致的抵制以及村庄本身通过巨变的知识增长而变得更加艰难，伴随着村民理性化行动能力和水平的不断增强，强制性的存在就越来越不具有应然性和必然性。

正如哈耶克所指出的，在一个禁止消费者选择自由和职业选择自由的社会中，所有经济和活动的中心方向在现代社会的复杂情况下都根本无法合理地解决任务。虽然那些发现了问题的人们仍未完全放弃"计划论"的主张，但他们为这种立场所作的辩护却或多或少地具有了强弩之末的性质，他们此时所做的一切都是试图去证明某种（原则上的）解决办法总是可以想出来的，然而却很少有人或甚至根本没有人相信这种解决办法实际上可以施行。因此，出于对强制性制度变迁带来的不良后果和终结的必然命运，我们有必要讨论这个问题，如何界定强制性制度变迁的应用和退出机制？如果强制性制度变迁不再适用，那么我们该采取何种制度变迁方式呢？我们又如何确定新的制度变迁方式可以取代并且优于强制性制度变迁呢？毕竟，"人类始终只能提出自己能够解决的任务，因为只要仔细考察就可以发现，任务本身，只有在解决它的物质条件已经存在或者至少是在形成过程中的时候，才会产生。"①

中国在破除计划体制的同时，市场体制并没有完全建立起来，计划和市场都不完全。② 在这种情况下，我们不能片面地否定强制性制度变迁，毕竟它能以最短的时间和最快的速度推进制度变迁，并可能降低制度变迁成本。当然，强制性制度变迁也存在不少缺点，包括制度破坏性大、风险高、"搭便车"行为不可避免等问题，从而决定了对强制性制度变迁不仅必须谨慎使用，使用的时机要得当，而且不可长期使用。③ 而诱致性制度变迁所需要的条件要求更高，这种自下而上的变迁方式需要中国市民社会的有效发育，需要多元治理的共同努力，而这显然任重而道

---

① 转引自高鉴国：《新马克思主义城市理论》，商务印书馆2007年版，第55页。
② 陈天祥：《论中国制度变迁的方式》，载《中山大学学报（社会科学版）》，2001年第3期。
③ 邓大才：《强制性制度变迁方式转换的时机选择》，载《社会科学》，2004年第10期。

远。在中国的现状下，强制性制度变迁方式不可能也不能全身而退，它向诱致性制度变迁的过渡应该是渐进的，孰多孰少则要根据社会的实际发展而划分。然而，无论什么样的制度变迁形式，它必须打破现有的钱权结合下形成的相对稳定的利益格局，进而避免社会陷入"转型陷阱"①。

经由以上讨论，我们基本上梳理了强制性城市化的实践逻辑。在贝村这个案例之外，这一实践逻辑同样具备一定程度的推广性。但是，不可否认，个案始终是个案，我们对于某些普适性结论（无论是否存在）的追求，仍需进一步探索并以一些经验案例予以佐证。

在传统与现代、乡村与城市、封闭与开放的交织中，我们切身感受到，在现代强大的国家权力之下，社会始终处于一个被建构的地位。巨大的"利维坦"成就了伟大的公共工程，涤荡阻止它运作的一切力量。它毁灭了美，却试图重建另外一种"美"。然而，这是否是必要的呢？我们不得而知。我们很无奈地了解一个村庄曾经的恐慌与不安，我们看着一个村庄前途渺茫，并伴随良心的痛感作出一个悲观的预判，在久远抑或不久的将来，村庄，将何去何从？在道德的折磨下，我们唯一能够做的依然是，继续关注……

在改革激荡了30多年后，我们遗憾地看到层出不穷的无助人群，没有人是一座孤岛，可以自全。每个人都是社会的一员，整体的一部分……任何人的苦难都是我们的损失。因此，不要问丧钟为谁而鸣，它就为你而鸣。② 强制性城市化不仅是农民的折磨，更是悬于我们每个人心头的道德拷问、责任追问、权利责问！

当前，城镇化已经成为新的国家战略，并将为中国未来发展提供新的驱动力。这是一个不可逆转且具有重大意义的进程。但是，在此进程中，到底什么是我们想要的城市，到底什么是我们想要的发展，到底什么是城镇化带给我们的福祉，关于这些问题的答案我们仍然需要更多反思……

---

① 参见孙立平在"社会建设论坛"上的观点：《转型陷阱，中国面临的制约》，见 http://www.21ccom.net/articles/zgyj/ggzhc/article_ 2012010151303.html。

② ［美］海明威：《丧钟为谁而鸣》，程中瑞译，上海译文出版社2011年版。

后记

一直很想探究这片土地上在经历着前所未有的大转型之时所发生的一切！这种探究，我想应该是所有中国研究者的共同情怀。

对贝村的观察从2005年开始，这本书的写作也一直断断续续到现在。这个过程之所以如此长，一方面是因为贝村的故事本来就漫长；另一方面，或者在我的潜意识中，一直盼望自己能够在源自贝村的激荡情绪中平静下来。平静之后的笔触，才可能更显理性。

一个与世无争，如同世外桃源般的小村，在一夜之间其秩序全部被改变。望着由于被拆的房子、宗祠、学校而默默流泪的人们，不是他们，难知其痛！而我望着他们，其痛也难以名状。

这本书，我多么盼望父亲是第一位作者。父亲匆匆离去数年，每每想起，仍然默泪千行。父亲在基层勤政一生，所到之处皆为人敬重。我想，他应最能体味此书字里行间所浸透的乡愁。

要感谢我的家人，你们总是在身边，时刻让我温暖。

要感谢我的朋友，你们一直在身后，这很重要。

要感谢我的同事，想到你们，内心会有骄傲。

要感谢我的很多学生，尤其是陈晓运博士，没有你的帮助，不可能完成如此庞大的田野调查。还有郑文强、钱蕾、李丹等同学，要感谢你们认真的校对工作和其他建议。

要感谢中央编译出版社的贾宇琰老师、李小燕老师，没有你们的大力支持和专业校核，这本书不会如期出版。

图书在版编目（CIP）数据

强制性城市化的实践逻辑：贝村调查/何艳玲著．
—北京：中央编译出版社，2013.10
（中山大学公共行政学丛书）
ISBN 978-7-5117-1812-9

Ⅰ．①强…
Ⅱ．①何…
Ⅲ．①农村-城市化-研究-广州市
Ⅳ．①F299.275.55
中国版本图书馆 CIP 数据核字（2013）第 239573 号

强制性城市化的实践逻辑：贝村调查

出 版 人	刘明清	
出版统筹	贾宇琰	
责任编辑	李小燕	
责任印制	尹 珺	
出版发行	中央编译出版社	
地　　址	北京西城区车公庄大街乙 5 号鸿儒大厦 B 座（100044）	
电　　话	（010）52612345（总编室）	（010）52612340（编辑室）
	（010）66161011（团购部）	（010）52612332（网络销售）
	（010）66130345（发行部）	（010）66509618（读者服务部）
网　　址	www.cctphome.com	
经　　销	全国新华书店	
印　　刷	北京金瀑印刷有限责任公司	
开　　本	787 毫米×1092 毫米　1/16	
字　　数	158 千字	
印　　张	11.25	
版　　次	2013 年 10 月第 1 版第 1 次印刷	
定　　价	49.00 元	

本社常年法律顾问：北京市吴栾赵阎律师事务所律师　闫军　梁勤
凡有印装质量问题，本社负责调换，电话：（010）66509618